Der Seelen Code

Der Seelen Code

Taylor Moone

IMPRESSUM

TAYLOR MOONE - DER SEELENCODE - Auflage 1

ISBN: 978-3-943323-02-3
Korrektorat: Christine Weber
Umschlagfoto: N. Schwarz
Covergestaltung: UlinneDesign, Neuenkirchen

Titel der englischen Ausgabe: The Soul Code

Kontakt: http://www.verlagis.de
Weitere Informationen: http://www.seelencode.de

INHALT

EINFÜHRUNG

Sinnsuche gehört zum Wesen des Menschseins. Glücklicherweise streben wir danach, unsere eigene Natur, das Wesen unserer Seele und die Zusammenhänge der irdischen und geistigen Welt zu erfassen, sie bestenfalls sogar zu verstehen. Die Zeit der großen Religionen als Hüterinnen des sinnstiftenden Gedankengutes von den Zusammenhängen der Welt und dem Schöpfungsplan ihrer Götter scheint in den westlichen Nationen zu Ende zu gehen. Sicherlich werden die großen Glaubenslehren als Kulturgut erhalten bleiben, doch steht die traditionelle Definitionsmacht ihrer Institutionen längst auf unsicherem Boden. In den letzten Jahren kommen neue Sichtweisen und alternative Betrachtungen viel häufiger aus den Bereichen der außerkirchlichen Spiritualität. Die größer werdende Offenheit vieler Menschen für die spirituelle Arbeit und die Erkenntnisse Einzelner – beispielsweise Philosophen, Theologen, Therapeuten, Medien oder Geistheiler – hat dazu geführt, dass die menschliche Sinnsuche in den Alltag gerückt ist. Immer mehr Menschen versuchen, ihren eigenen, ganz individuellen Lebenssinn zu finden und auszuleben. Wenn dieser Trend auch von den Vertretern der Institutionen großer Religionen beklagt wird, so sind doch jene Menschen, die diesen Weg gehen, der Bestimmung ihrer Seele und damit dem grundlegenden Prinzip der Schöpfung oft näher als mancher Gläubige, der geduldig die Rituale seiner Religion über sich ergehen lässt.

In unseren irdischen Interessen streben wir Menschen recht häufig materielle Ziele und damit verbundenen Wohlstand an. Ein großer Trend der menschlichen Sinnsuche ist dementsprechend auf die Visionen unbegrenzter Wunscherfüllung ausgerichtet. Das ist moralisch in keiner Weise verwerflich, sondern zutiefst menschlich und daher nachvollziehbar. Inzwischen sind viele Bücher entstanden, die ein modernes Wunschorakel propagieren. Oft verkünden diese, dass unter Zuhilfenahme geeigneter Formulierungen und positiver Bekräftigung jeder menschliche Wunsch, sofern er keinen Nachteil für andere beinhaltet, bedingungslos in Erfüllung gehen wird.

Ich möchte nicht als Gegner solcher Ideen auftreten, denn ich weiß, dass Wünsche in Erfüllung gehen können, auch wenn sie sehr ausgefallen sind oder ihre Realisierung kaum vorstellbar erscheint. Zahlreiche Menschen praktizieren ihr ganz persönliches Wunschorakel mit großem Erfolg, befolgen dabei möglicherweise Formulierungsratschläge oder Rituale des guten Wünschens. All das möchte ich niemandem wegnehmen. Ich möchte auch keinen besseren Weg des Wünschens vorschlagen. Vielmehr sehe ich es als meinen Beitrag zu einem erfüllten Leben der Menschen, die ich auf meinen Vortragsreisen und in meinen spirituellen Seminaren kennenlernen darf, den Sinn des Lebens und damit den des Menschseins in den Mittelpunkt der Sinnsuche zu stellen. Ich möchte damit zeigen, dass es in unserem Leben um viel mehr geht als nur darum, einen scheinbar mühelosen Weg der Wunscherfüllung zu finden, obwohl dieser tatsächlich recht einfach sein kann. Der zentrale Aspekt des menschlichen Lebens ist die Seele, die während unseres irdischen Lebens in unserem Körper wohnt. Die Aufgabe der Seele, die aus der geistigen Welt kommt und nach unserem Tode dorthin zurückkehrt, besteht nicht darin, den besten Weg des Wünschens zu finden, sondern zu lernen und sich selbst weiterzuentwickeln. Der Weg zum Erfolg, ob wir ihn nun in philosophischer Erkenntnis, in materiellem Wohlstand oder in etwas anderem suchen, führt über die

Freisetzung des tief in uns liegenden, unbegrenzten Potenzials der Seele.

Das mag auf den ersten Blick viel schwieriger klingen als das Befolgen eines Wunschrituals. Doch gilt es zwei Dinge zu bedenken: Zum einen ist die Entfaltung des Seelenpotenzials die Schöpfungsaufgabe der Menschheit und gibt uns die größtmögliche Zufriedenheit auf Erden, sobald uns die Befreiung gelingt und wir dabei die Größe unserer eigenen Seele anfangen zu verstehen. Zum anderen ist es so, dass die Befreiung der Seele, wie ich in diesem Buch erläutern werde, durch die Aktivierung des Seelencodes die Grundlage für das Funktionieren eines Wunschorakels darstellt.

Neben all den glücklichen Menschen, deren Wünsche in Erfüllung gehen, bleiben ebenso viele oder sogar mehr Menschen mit Enttäuschungen zurück und suchen nach Erklärungen, warum ihre Wünsche nicht erhört worden sind. Ich möchte hier bereits eine Zielsetzung des Buches vorwegnehmen und Ihnen sagen, warum so viele Wünsche unerfüllt bleiben: Sie entsprechen nicht dem Zustand der Seele.

Das bedeutet nicht, dass die Seelen der Menschen, deren Wünsche unerhört geblieben sind, schlechter wären oder weniger entwickelt. Es bedeutet auch nicht, dass diese Menschen damit für etwas bestraft oder von Erfolg und Glück ausgeschlossen wären. – Es bedeutet nur, dass das unermessliche Potenzial Ihrer Seele, der tief in Ihnen verankerte und unauslöschbare Code der Seele auf Aktivierung wartet. Denn dieser ist nicht von selbst aktiv. Wir müssen ihn zunächst erkennen, um ihn dann zu entfachen wie ein Feuer, das wir ausgehend von einer kleinen Flamme zum Lodern bringen können. Einzig aus diesem Grund sind wir hier auf Erden. Nur darum geht es bei der Frage nach dem Sinn des Lebens. Die Entfesselung seines Seelenpotenzials ist die ursprünglichste aller Aufgaben jedes einzelnen Menschen zum Wohle seiner selbst und zum Wohle der Seelengemeinschaft. Entsprechen unsere Wünsche dem Zustand unseres Seelencodes, so gehen sie auch in Erfüllung. Wünschen wir uns beispielsweise Erfolg und Anerkennung in der Öffentlichkeit, so wird dies gelingen, wenn wir es schaffen, das Potenzial unserer Seele freizusetzen und damit das Schöpfungsprinzip zu leben.

Ich möchte Ihnen in diesem Buch den Code der Seele erklären und Ihnen gleichzeitig die Möglichkeit eröffnen, nachzuvollziehen, wie aktiv Ihr Seelencode bereits ist. Indem Sie verstehen werden, dass der Seelencode, den wir alle in uns tragen, und das Schöpfungsprinzip ein und dasselbe sind, wird Ihre Seele sich weiter entfalten und den Code immer stärker zur Wirkung bringen. Sie werden erkennen, dass es genügt, ihn einmal in Gang zu setzen und dann laufenzulassen, um zufrieden zu leben und Wünsche Wirklichkeit werden zu lassen.

Ich werde Ihnen außerdem von Joshua erzählen – einer Seele, die genau wie wir auf der Suche nach dem Sinn des Lebens ist. Mit ihr gemeinsam werden Sie den Seelencode verstehen.

Grundlage dieses Buches ist ein Vortrag, den ich in zahlreichen Seminaren immer wieder vor Sinn suchenden Menschen gehalten habe. Sie waren es auch, die mich dazu ermutigt haben, die Inhalte des Vortrages und damit die Zusammenhänge des Seelencodes auf diesem Wege möglichst vielen Menschen zugänglich zu machen. Wenn ich damit einen Beitrag zur Sinnsuche der Leserinnen und Leser leisten kann, ist das Ziel des Buches bereits erfüllt.

TEIL I

DIE SEELE ERKENNEN

DAS PRINZIP DER SELBST-ENTFALTUNG

Die Anthropologie streitet seit jeher über die Frage der menschlichen Natur. Der Mensch gilt in der Sichtweise des anthropologischen Optimismus als ein bei der Geburt noch unbeschriebenes Blatt, das seine Prägung und seine Wesenszüge erst im Kontakt mit seiner materiellen und sozialen Umwelt entwickelt. Die pessimistische Position nimmt hingegen an, dass das gesamte Wesen einer Person genetisch vorgegeben sei und damit kaum durch Erziehung oder andere soziale Kontakte beeinflussbar ist. Dieser grundlegende Streit entstammt weder der Anthropologie noch anderen Wissenschaften. Er nährt sich aus religiösem Fundamentalismus verschiedener Kulturen und ist damit so alt wie die Menschheit selbst.

In westlichen Gesellschaften sind es vor allem die Pädagogen und Psychologen, die sich mit dieser Frage nach der menschlichen Natur befassen. Die Realität des menschlichen Miteinanders geht ungeachtet dessen davon aus, dass Menschen sich anpassen, mitunter sogar dauerhaft verändern können. Zumindest spiegeln die Sanktionssysteme menschlicher Gesellschaften die einfache Grundformel von Ursache und Wirkung wider. Fehlverhalten wird nach einem festgeschriebenen und innerhalb geregelter Grenzen streitbaren Maßnahmenkatalog sanktioniert – mit dem Ziel, das unerwünschte Verhalten zu unterdrücken und erwünschtes und damit sozial angepasstes oder Gemeinwohl förderndes Verhalten zu belohnen. Gleichzeitig arbeiten familiäre und gesellschaftlich bestellte Erzieher am Aufbau des Wohlverhaltens mithilfe der eigenen Einsicht in die Wertigkeit des konstruktiven Zusammenlebens.

In den Humanwissenschaften hat sich mit einiger Verspätung der pädagogische, psychologische und religiöse Realismus etabliert. Zwischen den ehemals verhärteten Fronten hat man sich in einem Kompromiss gefunden: Dieser besagt, dass wohl einiges, was den menschlichen Charakter und auch die individuelle Entwicklung ausmacht, angeboren oder zumindest in seiner Entwicklungsfähigkeit vorgegeben oder begrenzt sei und andere Bereiche der Veränderbarkeit durch soziale Beziehungen und Handlungen unterliegen. Es bleibt der Verdacht, dass die wissenschaftliche Theorienbildung vieler Jahrzehnte zu einem Schluss gekommen ist, den jede Alltagseinschätzung schon vorher hätte erreichen können. Es scheint ein „roter Faden“ der Geisteswissenschaften zu sein, nach langem Disput das festzuhalten, was die Menschheit intuitiv schon lange wusste.

Bedauerlicherweise ist die Seele kaum Gegenstand wissenschaftlicher Betrachtung. Die Gesetzmäßigkeiten der Seele betrachten meist nur die Religionen. Dabei geht es dann allerdings in der Regel um die Bedeutung der Seele als unauslöschbare Instanz, die das Materielle dieser Welt nach dem Tod überwindet und in ihrer nicht fassbaren Beschaffenheit entweder für immer oder für eine begrenzte Zeit in eine jenseitige Welt übergeht. Als scheinbar abstraktes und vor allem theoretisches Konstrukt bleibt die Seele ohne wissenschaftliche Betrachtung zurück. Als gute Nachricht bleibt festzuhalten, dass es Millionen von Menschen nicht davon abhält, von der Existenz der menschlichen Seele auszugehen und in Verbindung mit Religion oder persönlichem Glauben ein Bild von ihrem Wesen und ihren Aufgaben zu entwerfen.

Psychologie und Psychiatrie sorgen zusätzlich für Verwirrung, wenn sie von „seelischen Störungen“ oder „seelischen Erkrankungen“

sprechen und damit psychische Zustände beschreiben. Psyche und Seele werden folglich häufig als synonyme Begriffe benutzt. Natürlich ist auch dieses Vorgehen in einer Gesellschaft berechtigt, die für sich selbst Glaubensfreiheit beansprucht. Ich spreche mich in meiner persönlichen Haltung gegen diese Vereinfachung der Begriffe aus. Um Ihnen als Leserinnen und Lesern des Buches meine Grundhaltung zur menschlichen Seele, die meiner spirituellen Erfahrung entspringt, von Anfang an offenzulegen, möchte ich Folgendes betonen: Die Seele ist nach meiner Erfahrung eine eigene Instanz und keinesfalls identisch mit oder auch nur ähnlich dem, was wir als Psyche bezeichnen. Körper und Psyche des Menschen gehören zu seiner irdischen Existenz der materiellen Welt, in der wir im Diesseits leben. Die Seele ist die einzige von dieser Materie unabhängige Instanz, die das irdische Leben entsprechend überdauert.

Um das Wesen und die Aufgaben der Seele zu verstehen, steht uns das irdische Leben in all seiner Fülle und all seinen Ausprägungen zur Verfügung. Darüber hinaus steht uns die jenseitige – die geistige – Welt mit all ihrer Liebe offen. Wir erreichen sie auf verschiedenen Wegen und erhalten Hinweise und Botschaften, die uns unser eigenes Wesen erklären und näherbringen. Häufig werde ich gefragt, warum gerade diese Tür zur geistigen Welt nicht jedem offenstehe, sondern nur ausgewählten oder möglicherweise auch zufällig Begabten zugänglich sei. Meine Antwort ist eine einfache Botschaft: Offen steht die geistige Welt jedem. Wir kommen von ihr und wir gehen dort wieder hin. Auf besondere Art und Weise leben wir auch ständig in ihr und sind stets von ihr umgeben. Die Verbindung zwischen irdischer Existenz und geistiger Welt zu erkennen und sie immer wieder aktiv herzustellen, ist die größte und schwierigste Lernaufgabe der Seele. Wer dieser Aufgabe gewachsen ist, der lebt ein erfülltes Leben im Irdischen und ist sich gleichzeitig der geistigen Welt bewusst. Wenn dieses Bewusstsein oder Gewahrsein der spirituellen Welt zeitgleich mit allem Irdischen nicht nur Lippenbekenntnis oder Glauben, sondern gelebtes Dasein ist, dann steht uns die geistige Welt so offen gegenüber wie die irdische. Menschen, die diesen Entwicklungsschritt erreicht haben, sehen beispielsweise verstorbene Seelen, spüren oder sehen Engel und können ohne Ausbildung heilen.

Diese in uns allen angelegten Fähigkeiten kann jedoch nicht jeder heute lebende Mensch bis zu seinem Tode aufdecken. So ist das menschliche Leben nicht angelegt. Es bedarf mehr als eines irdischen Lebens, um diesen Entwicklungsstand der Seele zu erreichen. Viele heute lebende Menschen können diesen Zustand jedoch erlangen, da sie bereits häufig gelebt und ihre Seele immer weiter entwickelt haben. Vielleicht kann ich allen interessierten Seelen, die dieses Buch lesen, auf ihrem Weg etwas Unterstützung geben. Intuitiv werden sich die angesprochenen Seelen beim Lesen dieses Buches an ihr eigenes Wesen erinnern und sich auf den Weg machen. Ich schreibe es mit dem Wunsch, der spirituellen Entwicklung vieler Seelen und damit ihrer natürlichen Bestimmung einen Weg zu bahnen. Vieles in unserem irdischen Dasein ist vorherbestimmt und Handlungsmöglichkeiten oder Einflussmöglichkeiten sind manchmal begrenzt. Doch wie rasch wir unserer ureigenen Bestimmung, der Entfaltung und Weiterentwicklung der Seele folgen, liegt weitgehend in unserer Hand.

Wir werden mit dieser Fähigkeit geboren, mit diesem Drang nach Entfaltung der Seele. Unsere Seele unterliegt nicht den engen Grenzen der irdischen Materie. Sie ist aus unserer menschlichen Sicht unendlich groß und grenzenlos. In unserem irdischen Leben zwängt sich die Seele in das Korsett des menschlichen Organismus, um zu lernen, sich selbst zu entfalten. Sie speichert dabei alle Informationen unserer Erlebnisse, unserer Gedanken und unserer Gefühle. Die Seele reift durch Erfahrung, die sie nach dem Tode mit in die jenseitige Daseinsform nimmt und als Anlagen oder Talente in das nächste irdische Leben mitbringt. Das bedeutet, dass es in unserem Leben vor allem gilt, Herausforderungen anzunehmen, Hindernisse zu überwinden, Ziele zu finden und an deren Erreichen zu arbeiten.

Es bedeutet jedoch nicht, dass wir mit jeder Wiedergeburt klüger oder erfolgreicher werden. Die Daseinsform unseres Organismus ist weder ein Spiegel der Seelenentwicklung noch eine Art der Entlohnung für erfüllte Lernaufgaben. Eine hoch entwickelte Seele kann mit einer starken geistigen Behinderung geboren werden oder in einem völlig amoralischen Milieu. Umgekehrt kann eine junge und damit wenig herausgebildete Seele ein sehr hohes irdisches Bildungsniveau erreichen oder von Reichtum und Wohlstand umgeben sein. Angenommen, eine sehr hoch entwickelte Seele käme mit der zentralen Lernaufgabe der weiteren Entfaltung von Nächstenliebe und Großzügigkeit auf die Erde. – In ein reiches und von materieller Sicherheit geprägtes Leben hineingeboren wäre die Lernaufgabe möglicherweise keine besondere Herausforderung. In Armut lebend könnte der Anspruch durchaus höher sein. Möglicherweise wäre das Leben in Armut aus Sicht dieser Seele viel interessanter und lehrreicher. Umgekehrt sollte aus diesem Beispiel aber nicht geschlossen werden, dass erfahrene Seelen mit jedem neuen Leben immer widrigeren Umständen ausgesetzt werden. Es gibt sehr viele Varianten und Möglichkeiten, warum eine Seele in das eine oder andere irdische Leben hineingeboren wird. Im zweiten Teil des Buches komme ich auf das Karma zu sprechen, das diese Frage beantwortet.

Die menschlichen Lernaufgaben zeigen sich einerseits in den Anforderungen des alltäglichen Lebens und andererseits in den Talenten und Fähigkeiten, die ein Neugeborenes mitbringt. Vor allem geht es darum, die individuellen Talente zu nutzen. Dabei geht es jedoch nicht um persönlichen Erfolg, Reichtum oder andere Vorzüge, die mit der Entfaltung der Talente zu erreichen wären. Das sind im Grunde genommen Nebenerscheinungen, die in gewissem Umfang angemessen und berechtigt sind. Jeder Mensch hat den Segen des Universums, wenn er in geeignetem Maße von den

Früchten seines Tuns oder seiner Entscheidungen lebt. Das ist weder der Lohn noch der Fluch eines Talentes, sondern schlicht der weltliche Lauf einer gelungenen Talententfaltung. Die geistige Welt misst den Wert einer Seelenentfaltung vor allem daran, wie viel Liebe die betreffende Seele in ihrem menschlichen Dasein mithilfe der gegebenen und entwickelten Talente und Fähigkeiten in die Welt getragen hat. Einfach gesagt, geht es um die Frage, wie viel Gutes wir anderen mithilfe unserer Fähigkeiten getan haben. Und dabei geht es nicht nur um die großen Talente der Dichter und Denker, der Künstler und Sportler, der Gelehrten und Philosophen. Es geht um die Anlagen, die wir in jedem Augenblick unseres Lebens in uns tragen. Mit unseren Begabungen können wir jeden Tag etwas Gutes tun.

Die Evolutionstheorien gehen von einer egoistischen Grundhaltung aller irdischen Wesen aus. Nachdem das Arterhaltungsprinzip wissenschaftlich ausgedient hatte, wurde ein neues Konzept benötigt, das den Fortgang der Evolution gleichermaßen erklären konnte wie das Sozialverhalten von Mensch und Tier. Die Verhaltensforschung hat es dabei geschafft, sogar selbstloses Verhalten bis hin zu ausgeprägtem Altruismus mithilfe egoistischer Absichten zu erklären. Auf eine einfache und sicherlich verkürzte Formel gebracht wird davon ausgegangen, dass alles, was ein Lebewesen tut, von der Absicht des egoistischen Selbsterhaltes und von der selbstsüchtigen Weitergabe des eigenen genetischen Bestandes geprägt sei. Hiervon ausgehend muss entsprechend unterstellt werden, dass jeder Mensch als Egoist geboren wird, der ein Sozialverhalten nur dann anzunehmen bereit ist, wenn ein Vorteil für ihn und die Weitergabe seiner Gene daraus entstehen kann. Sicherlich hat dieses Theoriekonzept seine wissenschaftlichen und möglicherweise auch pragmatischen Vorzüge. Die Ergebnisse der Ethnologie möchte ich hier nicht diskutieren. Ich nehme sie gerne als irdische Wahrheit an, solange kein tragfähigeres Erklärungsmodell beschrieben wird. Mir kommt es vor allem darauf an, an dieser Stelle deutlich zu machen, dass mit diesen Theorien nicht etwa das Wesen der menschlichen Seele beschrieben wird. Menschliches Streben, auch die Funktionsweise und das Regelwerk der menschlichen Psyche, sind damit sicherlich sehr gut nachvollziehbar und beschreibbar. Vielleicht lässt der egoistische Erklärungsansatz sogar wichtige Prognosen menschlicher Verhaltensweisen zu.

Dennoch beschreibt er nicht das Grundprinzip der menschlichen Seele. Ich habe bereits erläutert, dass Seele und Psyche zwei verschiedene Instanzen des menschlichen Daseins sind. Wir nähern uns also der Frage, welche Rolle die Seele für den menschlichen Egoismus spielt. Betrachten wir zunächst einmal, wie sich dieser menschliche Egoismus genau zeigt. Anstatt nun verschiedene Beispiele zu erörtern, möchte ich den Blick auf den Geburtszustand des Menschen richten. Denn schon mit der Geburt und vor allem in der ersten Zeit danach, solange Erfahrungen im irdischen Leben noch sehr begrenzt sind, sollten sich der unterstellte Egoismus und gleichzeitig aber auch das Wesen der menschlichen Seele zeigen. Gibt es also diesen Egoismus auch in der Seele? Was hat die Seele mit diesem Phänomen zu tun?

Die Seele hat in der geistigen Welt nicht die gleiche Begrenzung, die wir im irdischen Dasein kennen. Unser menschlicher Organismus ist ein wirklich kleines Wohnhaus für eine ursprünglich so große und freie Seele. Nach dem Tode – oder genauer gesagt, zwischen zwei irdischen Leben – ist unsere Seele nicht derart abgegrenzt, wie wir es als Personen sind. Die Seele würde einen solchen Zustand dort auch nicht anstreben. Sie ist Teil eines Ganzen. Das bedeutet, sie ist tief verbunden mit den anderen Seelen und geht in der Gesamtheit und Schönheit der göttlichen Harmonie auf. Dieser Zustand ist im Diesseits nicht vorstellbar. Der im irdischen Leben aktive Teil unserer Seele hat daran keine Erinnerung und kann dieses Gefühl auch nicht entwickeln. Vermutlich würde die Seele nicht auf dieser Erde verweilen wollen, wenn sie spürte, welche Daseinsform nach dem Tode auf sie wartet. Gleichzeitig hat sie jedoch eine tiefe Intuition und eine fest verankerte Sehnsucht nach dieser Harmonie. Unsere Seele strebt danach, der Enge unseres Körpers und unseres irdischen Geistes, dieser einfachen Psyche des Menschen zu entfliehen. Sie strebt nach Ausbreitung und nach Verbindung mit der göttlichen Harmonie und Einheit der geistigen Welt.

Gemessen an den Möglichkeiten der Seele vor der Geburt fühlt sich ein irdischer Körper unbequem und eingeschränkt an. Die Seele sucht Harmonie und Ausgeglichenheit, um sich frei entfalten zu können. Aus diesem Wunsch nach Höherentwicklung ergibt sich der menschliche Drang nach Bedürfnisbefriedigung, nach Wärme, Zuneigung und Schutz. Es kann aus irdischer Sicht als egoistisch gesehen werden, wenn ein Neugeborenes versucht, um jeden Preis einen angenehmen Zustand seines Selbst herzustellen. Warum aber tut es das? Weil es glaubt, nur so überleben zu können? Weil es Sozialverhalten erst lernen muss? – Ich glaube, die Antwort ist einfacher und ursprünglicher: Die Seele versucht auf diese Weise verzweifelt, den Zustand ihrer Herkunft wiederherzustellen. Der menschliche Egoismus ist nicht grenzenlos. Es hätten keine sozialstaatlichen Gesellschaften entstehen können, wäre der Mensch von Natur aus ein strenger Egoist. Die menschliche Urhorde hätte nicht überlebt – jedenfalls nicht als sinnsuchendes und kulturschaffendes Wesen. Arbeits- und Kräfteteilung sowie Rücksichtnahme und damit in gewissem Umfang auch das Sozialverhalten wären wohl denkbar, gleichsam der Übereinkünfte in einem tierischen Rudel. Religion und Kunst sowie deren Tradition als wesentliche Eckpfeiler jeder Kultur wären nicht daraus entstanden.

Es gibt also mehr als den egoistischen Trieb des Neugeborenen. Aufgrund seiner Schutzlosigkeit und Hilfsbedürftigkeit einerseits und aufgrund zu geringer Erfahrung und noch ausstehender Reifung andererseits entsteht ein sehr selbstbezogenes Verhalten, das allerdings nicht als grundlegender Wesenszug des Menschen angesehen werden kann. Die menschliche Seele sehnt sich nach ihrer Herkunft und strebt nach der Rückkehr in die geistige Welt. Der Erinnerung an diese beraubt, richtet sich das menschliche Tun auf die Erschaffung des Himmelreichs auf Erden. Das bringt nicht zwangsläufig gute Taten hervor, meistens sogar Konflikte und Enttäuschungen. Häufig streben die menschlichen Seelen in der Not ihrer weltlichen Begrenzungen nach optimalen Bedingungen.

DER WEG DER MENSCHHEIT

Die Aufgabe jedes Menschen ist die konstruktive Entfaltung seiner eigenen Seele, die eingezwängt in den menschlichen Körper zeitlebens nach Befreiung strebt. So einfach es auch klingen mag, im Grunde genommen nur eine einzige Aufgabe im irdischen Leben zu haben – sie zu erfüllen, gelingt uns bei Weitem nicht immer so, wie es tatsächlich möglich wäre. Die physischen Zwänge des irdischen Daseins sowie die Verlockungen des Materiellen können uns allzu leicht von der Sinnsuche und damit auch von der Befreiung unserer Seele abbringen.

Das eigentlich angestrebte Ziel kann auf diesem Wege nicht erreicht werden. Einzelne Personen sind in der Lage, Erkenntnis und Erleuchtung zu erlangen, immer mehr von dem göttlichen Plan sowie dem Wesen und der Bestimmung der menschlichen Seele zu verstehen. Die Vollendung der Schöpfung aber, der Himmel auf Erden, ist nur in dem Miteinander der Seelen zu erreichen. Diese kollektive Lernaufgabe der Seelen ist nur wenigen bewusst und ihre Umsetzung liegt in der diesseitigen Welt noch in weiter Ferne.

In der geistigen Welt, die wir von unserem irdischen Standpunkt aus am häufigsten als „Jenseits“ bezeichnen, ist das Ganze als Einheit der Seelen ebenso selbstverständlich wie die Individualität des Einzelnen auf Erden. Einen Beitrag zur Seelengemeinschaft zu leisten, also nicht nur uns selbst, sondern auch das Ganze weiterzuentwickeln, ist in der geistigen Welt weder riskant noch schwierig. Dennoch können sich verstorbene Seelen auch der Weisheit und der Liebe der geistigen Welt verwehren. In beiden Daseinsformen ist es unsere Aufgabe, die Gemeinschaft vom Entwicklungsstand unserer eigenen Seele profitieren zu lassen. Das Ziel der Schöpfung ist erreicht, wenn die Menschheit sich so weit entwickelt hat, dass das irdische Dasein dem der geistigen Welt entspricht. Beide Daseinsformen werden dann ineinander aufgehen. Wenn die Menschheit von diesem Punkt auch noch weit entfernt sein mag, so bin ich dennoch davon überzeugt, dass wir diesen Weg gehen werden: den Weg der Befreiung der Seelen!

DER VERBORGENE CODE

Wenn unsere Aufgabe darin besteht, das Potenzial unserer Seele durch ständige Weiterentwicklung zu nutzen und auf diese Weise eine immer höhere Daseinsform zu erreichen, dann gibt es auch eine für uns nutzbare Grundlage zur Erfüllung der Aufgabe. Tief in unserem Inneren – in einem Bereich, den wir in unserem irdischen Verständnis vielleicht „das Unbewusste" nennen – haben wir eine intuitive und visionäre Vorstellung von den Möglichkeiten unserer Seele. Der Motor unserer Sinnsuche ist das fest in uns verankerte, wenn auch nicht sofort abrufbare Wissen um die Ziele der Seelenentfaltung: das Erreichen eines höheren Entwicklungsstandes der eigenen Seele und die Weiterentwicklung der Seelengemeinschaft.

Wie aber funktioniert unsere Seele? Nach welchen Grundsätzen kann sie entfaltet werden? Wie ist sie in der Lage, ein höheres Niveau zu erreichen? Welches Schöpfungsprinzip liegt ihr zugrunde? Können wir den Code der Seele selbst entschlüsseln?

Die Antwort ist leicht: Ja, genau das können wir, denn er zeigt sich uns jeden Tag. Das Leben offenbart uns in jeder Sekunde unseres irdischen Daseins den Code der Seele. Die eigentliche Herausforderung besteht nicht darin, ihn zu erkennen oder zu verstehen. Sie besteht vielmehr darin, ihn sich selbst gegenüber bewusst werden zu lassen, sich seiner gewahr zu sein, ihn damit zu entfachen und das Schöpfungsprinzip zu leben.

Der Gesamtcode der Seele kann in vier Bereiche aufgeteilt werden, um ihn gezielt nutzen zu können. Ich beschreibe diese vier Bereiche als vier einzelne Codes der Seele. Aus dem *Code der Liebe*, dem *Code der Gemeinschaft*, dem *Code der Resonanz* und dem *Code des Karmas* folgt mehr als nur das Funktionsprinzip der Seele. Es ergeben sich daraus das Schöpfungsprinzip und auch der Seelencode, denn beides ist im Grunde genommen dasselbe. Der Seelencode liegt tief in uns wie ein verborgener Schatz, den es zu bergen gilt. Er gleicht einem Buch der Erkenntnis, das darauf wartet, geöffnet und gelesen zu werden. Öffnen Sie das Buch Ihrer Seele und lesen Sie darin!

TEIL II

DIE VIER SEELENCODES

1

DER SEELENCODE DER LIEBE

Die geistige Welt ist von unendlicher Liebe durchflutet. Die uneingeschränkte und grenzenlose Anbindung an die Gemeinschaft der Seelen wartet dort auf uns und wird uns nach dem irdischen Tod als göttliches Geschenk zuteil. Unsere Seele trägt die Kenntnis von dieser Tatsache tief in sich und lässt uns zeitlebens nach dieser Erfüllung streben. Ohne Zweifel sind die menschlichen Versuche, die Geborgenheit der grenzenlosen Liebe zu erlangen, sehr verschieden. Wir haben bereits gesehen, dass sich durchaus egoistisch anmutende Züge und Charaktere daraus hervortun und dann verzweifelt nach einer fadenscheinigen irdischen Erfüllung suchen. Dahinter steht das Streben nach Höherem, die Sehnsucht nach der jenseitigen Verbundenheit. Es gehört zu unseren spirituellen Lernaufgaben, dies zu erkennen und uns dieser Bestimmung gewahr zu werden.

In unserer weltlichen Existenz tragen wir die tiefe Sehnsucht nach Zuneigung in uns. Wir streben von unserer Geburt an danach, bedingungslose Zuneigung als irdische Form der Liebe zu erhalten. Wenn Kinder in günstige Verhältnisse hineingeboren werden, erhalten sie als Neugeborene die bedingungslose Zuneigung der Mutter. Nachdem unsere Seele die uneingeschränkte Gemeinschaft und die dauerhafte Anbindung an die anderen Seelen mit dem Vorgang der Menschwerdung scheinbar verloren hat, fühlen wir ein Stück Himmel in der mütterlichen Zuneigung der ersten Tage.

Doch sehr bald schon macht das Neugeborene die Erfahrung, dass irdische Zuneigung nicht grenzenlos ist – sie ist nicht einmal wirklich bedingungslos. Von Tag zu Tag werden neue Anforderungen an die zwischenmenschliche Zuneigung gestellt. Eine der ersten Erfahrungen einer an Bedingungen geknüpften Sympathie besteht in dem Erlebnis, dass einfaches Schreien des Babys schon dazu führen kann, die angestrebte und zunächst ohne Vorbehalte erhaltene Zuneigung zu versagen. Entspannte Eltern schenken mehr Wärme und Zärtlichkeit als von nächtlichem Schreien des nach bedingungsloser Zuwendung flehenden Babys entnervte. Eltern, die selbst wenig Liebe erfahren haben, neigen häufig ebenfalls dazu, Liebe zurückzuhalten. Lebenserfahrung, individuelle Lebensgeschichten und nicht zuletzt Persönlichkeitsmerkmale beeinflussen unsere Fähigkeit und Bereitschaft, Liebe zu schenken. Das betrifft nicht nur die Zuneigung zum Kind, sondern die Liebesfähigkeit in Beziehungen aller Art. Bedingungslose Liebe, vor allem im Sinne einer Nächstenliebe auch fremden Menschen gegenüber, ist ein sehr hohes Ziel, dessen Erreichen der höchstmöglichen Stufe der irdischen Entwicklung gleichkommt. Da wir als Individuen nach der absoluten Liebe suchen, stehen sich im Kontakt zweier oder mehrerer Menschen anfangs die gleichen emotionalen Absichten gegenüber. Zunächst einmal sieht das recht einfach aus: Beide Partner könnten sich gegenseitig die bedingungslose Zuneigung schenken. Beide verfolgen das gleiche Ziel und sollten sich dementsprechend auch in ihren Handlungsweisen einigen können. Warum funktioniert es dennoch so selten?

Es ist eine irdische Eigenart, dass wir bedingungslose Zuneigung nur einem einzigen Menschen schenken können. Versuchten wir es bei einem weiteren, so müsste der erste Partner bereits auf einen Teil dieser Liebe verzichten, zumindest zeitweise. Wir wären bereits gezwungen, eine Regelung oder ein Verfahren zu finden, das die Verteilung unserer Zuneigung übernimmt. Aus diesem Dilemma gibt es in einer physischen Welt keinen Ausweg. Denn Liebe wird meist recht materiell betrachtet – als gegenständlich wie ein Vorrat, der zu verteilen wäre. Eine solche Liebe ist bei genauerer Betrachtung ein Gefühl, das gleichermaßen auf zwei Personen gerichtet sein könnte. Erwarten wir dann bestimmte Handlungen als Folge dieses Gefühls, setzt wieder die Notwendigkeit des Teilens ein. Doch gerade hier liegt ein Betrachtungsfehler vor: Liebe ist weder äußere Zuwendung noch ein inneres Gefühl.

Liebe ist ein Zustand. In diesem sind wir frei von Absichten und Urteilen. Wir befinden uns in einer bewussten Wahrnehmung unserer Empfindungen und unserer Gedanken, ohne uns selbst oder einen anderen dafür zu bewerten. Wir handeln nicht und wir planen nicht, wir *sind* einfach. In diesem Zustand können wir verzeihen und annehmen. Wir streben nicht nach materiellem Wohlstand oder äußeren Annehmlichkeiten. Wir nehmen bewusst wahr, was um uns herum geschieht und sind von positiven Gedanken erfüllt. Dieses Dasein ist für eine Seele in der geistigen Welt, die wir von unserem irdischen Blick aus als Jenseits bezeichnen, selbstverständlich. In unserer weltlichen Existenz scheint es ein nahezu unerreichbares Ziel zu sein.

Nach genau diesem Zustand aber sehnen wir uns zurück. Begrenzt auf die physikalische Welt, entwickeln wir daraus ein Streben nach äußerer Zuwendung. Das Leben zeigt uns jedoch täglich, dass wir diese Zuneigung weder bedingungsfrei erhalten, noch bedingungsfrei schenken. Und all unsere Enttäuschungen im Umgang mit der irdischen Liebe verleiten uns immer stärker dazu, die äußere Zuneigung zu suchen – selbst, wenn wir an ihr zerbrechen. Den *Zustand* der Liebe suchen wir dabei nur selten, obwohl gerade das der tiefe Wunsch unserer Seele ist.

Seelencode 1

Die menschliche Seele strebt nach dem Zustand der bedingungslosen Liebe, um in ihm mit anderen gemeinsam zu leben.

Dieser Traum, diese Sehnsucht, hält uns am Leben und lässt uns auf die irdische Sinnsuche gehen. Nur sie treibt unseren Wissensdurst und unseren Forschergeist in einer scheinbar oft unsinnigen Welt voran. Auch dieses Wissen suchen wir im Äußeren. Der wahre Sinn des Lebens aber sind wir selbst. Die Selbstfindung und Weiterentwicklung der Seele ist der einzige und ausreichende Sinn des irdischen Lebens. Deshalb kehren wir immer und immer wieder zur Erde zurück. Um unsere Seele reifen zu lassen und sie besser zu verstehen.

Es gibt Glaubensansätze, die von einer universellen, keiner Veränderung unterworfenen Seele ausgehen. Sie wird damit zur unantastbaren Instanz, die keiner Entwicklung bedarf. Sicherlich kann auch aus einem solchen Glaubensansatz ein Sinn des irdischen Lebens abgeleitet werden. Ich bin jedoch zutiefst davon überzeugt, dass die Seele trotz ihrer Offenheit und Größe, trotz all ihrer Fähigkeiten und Anlagen, trotz der jenseitigen Existenz in einem Feld der bedingungslosen Liebe recht einfach geboren wird und sich erst im Laufe der Zeit entfaltet und gedeiht. Zeit ist dabei ein schwieriger Begriff, da es in der geistigen Welt keine Zeit gibt. Dieses Phänomen ist eine irdische Künstlichkeit, um Vorgänge erleb- und beschreibbar zu machen. Unserem begrenzten Verstand scheint die Annahme von Zeit beim Verstehen unserer Welt zu helfen. Ich benutze den Begriff deshalb auch. Da die Seele immer wieder in Menschengestalt geboren wird, um auf der Erde zu lernen, entwickelt sie sich aus unserer Sicht über eine sehr lange, vielleicht sogar unendlich lange Zeit.

Joshua und der Erdenengel - Teil 1

Joshua kam zum Erdenengel, um das Wesen des Menschseins zu verstehen. Er bat den Engel um Hilfe bei seinem Ansinnen, denn es gelang ihm nicht, das menschliche Wesen aus der geistigen Welt heraus, in der er lebte, zu erfassen. Da er noch nie auf der Erde gelebt hatte, zog diese Reise der Seelen sein Interesse auf sich, und er wünschte sich nichts sehnlicher als die erste Geburt auf Erden.

„Engel der Erde, wie ist es, ein Mensch zu sein? Erkläre mir dieses Dasein und lass mich verstehen."

Der Engel forderte Joshua auf, seine Lernaufgaben zu nennen und zu berichten, wie weit er in seinen Erkenntnissen vorangeschritten war.

„Mir wurde die Lernaufgabe der bedingungslosen Liebe aufgetragen." sagte Joshua

und verstand nicht, worauf die Frage des Engels abzielte.

„Was weißt du über die bedingungslose Liebe und wie sehr kannst du sie leben, Joshua?“

„Ich weiß es nicht“, entgegnete Joshua. „Die bedingungslose Liebe ist wohl das gelebte Beisammensein zweier oder mehrerer Seelen, ohne gegenseitige Forderungen. Ich habe es im Buch meines Lebens gelesen, so wie es mir aufgetragen wurde. Dennoch verstehe ich es nicht. Wie könnten Seelen mit Forderungen Liebe geben? Warum sollte ich für das Geben meiner Liebe eine Leistung erwarten? Und was könnte mir eine Seele geben, was ich nicht schon hätte?“

Der Engel der Erde lächelte und sagte: „Was wäre, wenn du alleine wärest? Wenn keine anderen Seelen bei dir wären, um dir Liebe zu schenken und deine Liebe zu empfangen? Was wäre, wenn auch ich nicht hier wäre, und es gäbe nur dich? Was würdest du tun, Joshua?“

Joshua überlegte. Er konnte sich das nicht vorstellen. Noch nie war er alleine gewesen. Ständig verbunden mit anderen Seelen und mit der göttlichen Weisheit, fiel ihm die Antwort darauf schwer.

„Ich glaube", begann er zögernd, „ich würde versuchen, zurückzukehren und wieder hier zu sein, verbunden mit allen, so wie es jetzt ist."

Der Engel der Erde wusste, dass es bald an der Zeit war, Joshuas Seele zur Erde zu schicken, damit er die Antwort auf seine Frage finden möge.

„Mein lieber Joshua, du glaubst also, dass du nichts sehnlicher wünschen könntest, als Liebe zu suchen, wenn sie dir abhanden käme. Und du bist der Meinung, dass du im Falle einer Trennung von anderen Seelen sofort Liebe verteilen würdest, um wieder mit den anderen verbunden zu sein?"

„Ja, das würde ich wohl. Ja, ich bin mir sicher. Engel der Erde, habe ich die Liebe verstanden?"

„Nein, Joshua. Du hast sie nicht verstanden. Du hattest sie bisher als Geschenk. Du bist von ihr umgeben und ihre Bedingungslosigkeit wurde dir zuteil. Du wirst ihren Wert bald verstehen."

Und als die Zeit gekommen war, da Joshua die Erde zum ersten Mal besuchen sollte, rief der Engel der Erde ihn erneut zu sich, um ihn schließlich zu entsenden.

„Joshua, deine Zeit ist gekommen. Ich entsende dich heute zur Erde. Dein erstes irdisches Leben wartet auf dich. Du wirst mich in den ersten Jahren deines weltlichen Daseins allmählich vergessen und dich erst nach deinem Tode wieder an mich erinnern. Damit du deine Lektion lernen kannst, werde ich dir Gelegenheiten zur bedingungslosen Liebe anbieten, immer und immer wieder."

Und so wurde Joshua geboren. Er schlief ein und erwachte als Baby in den Armen seiner Erdenmutter. Er erschrak, weil es unheimlich eng in seinem Körper war. Er selbst war die einzige Seele, die er wahrnehmen konnte. Einsam und verlassen fühlte er sich und abgeschnitten von dem, was ihm vertraut und treu war. Kälte und Angst erfassten seinen Körper und seine Gedanken. Ein nie gekannter Schmerz im Inneren durchfuhr ihn. Das Gefühl der Verlorenheit und der von ihm entrissenen, einst allgegenwärtigen Liebe erfasste ihn.

„Engel der Erde!" rief er ängstlich, „Was hast du mir angetan? Warum schickst du mich in diese schreckliche Welt?"

Abgeschnitten von der unendlichen und bedingungslosen Liebe, sehnte sich Joshua schon im ersten Augenblick seines irdischen Lebens danach, zurückzukehren, um Liebe zu erleben. Das Gefühl der Verlassenheit und des Getrenntseins, den Wunsch nach Liebe und Zuneigung, nach Verbindung mit der göttlichen Weisheit und all den anderen Seelen versuchte Joshua zum Himmel zu rufen. Da er in seinem irdischen Leben noch nicht über Sprache verfügte, stieß er stattdessen den Schrei des neugeborenen Babys aus und nahm damit zum ersten Mal den Atem der menschlichen Welt auf ...

Die irdische Form der Liebe zwischen zwei Menschen, beispielsweise zwischen Mutter und Kind, aber auch zwischen Freunden oder zwei Verliebten ist ein Übungsfeld für die Seele. Sie lernt dabei die Form der an Bedingungen geknüpften Liebe kennen. Nach dem irdischen Tod kann die jeweilige Erfahrung auf diesem Gebiet genutzt werden, um in der Gemeinschaft der Seelen aufzugehen. Denn das geschieht nicht automatisch. Wir sterben mit all den Gedanken, Einstellungen und auch mit der Haltung zur Liebe und Nächstenliebe, die wir zu Lebzeiten auf der Erde hatten. Wir gehen nicht automatisch in den einst vorhandenen

Seelenzustand über. Als erdgebundene Geister können wir am Irdischen haften und dabei als Menschengeist zwischen den Welten hängen bleiben. Solche erdgebundenen Geister, die nicht loslassen können, um ins Licht und damit in die Welt der Seelen überzugehen, wissen häufig nicht einmal, dass sie bereits tot sind. Es gibt von Medien, die Kontakt zur Welt der Verstorbenen herstellen können, unterschiedliche Berichte und Hinweise zu den Ursachen dieses unbewussten Festhängens an der irdischen Welt. Meine Überzeugung ist einfach: Es ist die fehlende Fähigkeit zur wahren Liebe, die solche Seelen hier festhält. Im Zustand der Liebe kann eine Seele nach dem Tode nicht am Irdischen hängen. Sie würde voller Freude in die Gemeinschaft der Seelen eintreten.

Aktivierung des Seelencodes der Liebe

Der erste Code unserer Seele, der Code der Liebe, ist befreit und sprudelt wie eine unerschöpfliche Quelle, wenn wir möglichst oft folgende Empfindungen haben:

1. ***Wir wollen Menschen nicht mehr verändern.***

   Wir lassen sie so sein, wie sie sind. Ihre Überzeugungen und Einstellungen und all ihre Gefühle und Gedanken erfahren unsere Wertschätzung und Anerkennung, weil wir die Vielfalt der Schöpfung in ihnen erkennen. Dabei spielt es keine Rolle, ob wir die Einstellungen und Gedanken auch in uns finden können oder ihnen zustimmen könnten.

2. ***Wir beurteilen nicht, was oder wie jemand ist.***

   Es kommt darauf an, nicht über das zu urteilen, was ein Mensch ist. Wenn es uns gelingt, andere sie selbst sein zu lassen, so ist es auch möglich, ohne Urteil zu sein und stattdessen positive Gedanken zu hegen.

3. ***Wir erfreuen uns am Erfolg anderer.***

Wir gönnen anderen Menschen ihren Erfolg von ganzem Herzen. Neid und Missgunst sind uns fremd. Wir wägen nicht ab, ob ein anderer oder eher wir selbst den Erfolg verdient hätten. Wir freuen uns, wenn wir von Erfolgen anderer Menschen hören – auch bei ganz irdischen Erfolgen wie wirtschaftlichem Wohlstand oder Ruhm in der Öffentlichkeit.

Urteilsfrei zu sein und andere sie selbst sein zu lassen ist nicht immer leicht. Vor allem aber fällt es uns schwer, weil wir Verhaltensweisen beurteilen. Das zu tun, ist in Ordnung. Wir können nicht regellos leben und werden daher immer ein Bewertungssystem für Verhaltensweisen haben und Konsequenzen daraus ableiten. Wenn wir verstehen, dass unser Urteil sich auf Verhalten beziehen kann und wir gleichzeitig ohne Urteil für das Wesen einer Person sein können, sind wir auf dem richtigen Weg.

Der Seelencode aktiviert sich vor allem durch Erkenntnis. Werden wir uns seiner bewusst und nehmen ihn an, so halten wir ihn in Gewahrsam und er beginnt, sich zu entfalten. Ich schlage Ihnen zu jedem Code zusätzlich eine einfache Übung vor, die Ihnen helfen kann, den jeweiligen Code besser zu erkennen und zu aktivieren. Denn möglicherweise stellen Sie beim ersten Lesen des Buches auch fest, dass Ihr Seelencode nicht so aktiv ist, wie Sie geglaubt haben. Auf den vorhergehenden Seiten habe ich in einer kurzen Übersicht dargestellt, wie der aktive Code der Liebe erkannt werden kann. Schätzen Sie bitte ehrlich ein, wie weit Sie den einzelnen Punkten zustimmen können. Haben Sie diese Empfindungen häufig oder macht es Ihnen Mühe, diese Haltung anzunehmen?

Sorgen Sie sich nicht, wenn es Ihnen noch sehr schwer fallen sollte. Mit einfachen Übungen können Sie den ersten und alle anderen Codes befreien oder weiter vorantreiben.

Übung zum Seelencode der Liebe

Nehmen Sie einige Notizzettel zur Hand und schreiben Sie jeweils auf einen den Namen einer erfolgreichen Person, die Sie nicht mögen, vielleicht sogar ablehnen. Wählen Sie entweder bekannte Personen aus der Öffentlichkeit oder den Medien oder aber solche, die Sie aus Ihrem eigenen Bekanntenkreis kennen. Bezug nehmend auf diese Personen kann es sich um finanziellen Erfolg oder um Machtpositionen handeln, oder um etwas anderes, das Sie selbst als großen Erfolg einschätzen. Nehmen Sie nun jeden einzelnen Zettel in die Hand und stellen Sie sich die Person genau vor. Sagen Sie dann:

„Ich gönne dir diesen Erfolg. Es kann auch Gutes daraus entstehen."

Legen Sie den Zettel anschließend zur Seite und nehmen Sie den nächsten. Verfahren Sie noch einmal genauso. Wiederholen Sie in den nächsten Tagen diese Übung, bis Sie den Satz mit einem guten Gefühl sagen können.

2

DER SEELENCODE DER GEMEINSCHAFT

Der Mensch wird als soziales Wesen geboren. Er kann gar nicht anders, als sich anderen Menschen zuzuwenden und ihre Nähe zu suchen. Ohne Kontakt zu anderen Menschen verkümmert der Geist. Wenn wir bedenken, dass die Seele den Zustand des Alleinseins in der geistigen Welt nicht kennt, können wir leicht nachvollziehen, dass auch das irdische Dasein der Seele im Menschen von dem Wunsch nach Einheit mit anderen erfüllt ist. Unsere Mitmenschen erfüllen dabei eine wichtige Funktion. Denn sie sind es, die uns liebevolle Zuneigung geben können. Schon das Neugeborene sucht diese Form des Kontaktes. Unser ganzes Leben lang hören wir nicht auf, nach positiver Zuwendung zu streben. Selbst verzweifelte und im sozialen Kontakt enttäuschte oder gequälte Menschen hegen den Wunsch nach angenehmer Zuneigung, nach Wärme und Liebe, die ein anderer ihnen schenkt. Das Miteinander der Menschen kann nicht für alle befriedigend verlaufen, wenn jeder möglichst viel Zuneigung haben möchte. Wer sollte diese geben, ohne von dem eigenen Anspruch der Zuwendung durch andere teilweise Abstand zu nehmen? Da Liebe in der Regel als wohltuende Handlung empfunden und erwartet wird, bleibt dieser Wunsch häufig unerfüllt. Wertschätzende Hinwendung und Aufmerksamkeit, zärtliche Körperkontakte und emotionale oder materielle Unterstützung in schwierigen Lebenslagen werden wahrscheinlich von vielen Menschen als Anzeichen der Liebe oder Nächstenliebe gedeutet. Die Versagung dieser Zuwendungen entsprechend als Liebesentzug oder mangelnde Liebe. Das menschliche Bedürfnis, diese positive Zuwendung möglichst häufig und in intensiver Form zu erhalten, ist so groß, dass wir uns oft selbst verleugnen, um sie zu erlangen: Wir passen uns an und verstellen uns, um den Menschen zu gefallen, deren irdische Liebe wir suchen. Schon Kinder lernen, sich in bestimmter Art und Weise zu verhalten, um positive Zuwendung zu erfahren. Das ist wohl im Erziehungsprozess unvermeidbar. Bedauerlicherweise lernen wir bereits als Kinder, dass auch bestimmte Gefühle nicht erwünscht sind, dass wir beispielsweise Wut oder Trauer in bestimmten Situationen nicht empfinden dürfen. Um die positive Zuwendung zu erhalten, verdrängen wir dann diese unliebsamen Gefühle und passen uns an. Mit der Zeit führt das unweigerlich dazu, dass wir das Gespür für unsere tatsächlichen Emotionen zumindest teilweise verlieren. Wir brauchen irgendwann die unerwünschten Gefühlslagen nicht mehr zu verdrängen. Wir spüren sie nicht mehr und glauben, etwas anderes zu fühlen.

Wenn wir gelernt haben, dass Zorn ein angemessenes Gefühl in Situationen ist, die uns eigentlich traurig machen, so spüren wir irgendwann nur noch den Zorn und vergessen, dass wir ihn eigentlich nur vorspielen. Wir können nicht mehr zwischen unseren wahren Gefühlen und unserer Selbstdarstellung unterscheiden. So entwickelt sich im Laufe unseres Lebens ein Selbstkonzept, das einen Kompromiss aus unseren tiefen Gefühlen und den Erwartungen unserer Mitmenschen darstellt. Besser wäre es für uns, wenn wir uns unserer wahren Gefühle immer bewusst wären. Wir könnten zumindest in unseren Gedanken immer authentisch sein. Natürlich ist es nicht möglich, dass wir uns immer gemäß unserer wahren Gefühle verhalten – selbst, wenn wir sie immer fassen könnten und uns danach richten wollten. Die Freiheit des Handelns kann im Irdischen niemals grenzenlos sein, denn damit würde sie zu viel Freiheit anderer missachten und zerstören. Das kann also nicht wirklich das Ziel einer menschlichen Entwicklung sein. Es kann und muss aber eine Intention sein, die wahren Gefühle wiederzufinden und sie zuzulassen.

Wir müssen nach Möglichkeiten streben, unsere Gefühle auszudrücken und uns ihrer immer gewahr zu sein. Das ist ohne Konflikte möglich, wenn wir Mitmenschen finden, die sich darauf einlassen können, unsere Gefühle zu hören und diese auch so sein zu lassen.

Wir erleben also zwei Grundschwierigkeiten im sozialen Kontakt mit anderen Menschen. Die erste Schwierigkeit besteht darin, dass wir aufgrund unserer ursprünglichen Seelennatur nach einem erfüllten Miteinander streben. In unserer irdischen Hülle suchen wir auf diesem Wege positive Zuneigung, Wärme, Schutz. Wir suchen die Liebe anderer Menschen. Um sie zu erhalten, verstellen wir uns oft ein Leben lang. Die zweite Schwierigkeit besteht darin, dass wir von anderen als Liebe schenkende Menschen gefordert sind. Denn auch unsere Mitmenschen streben nach der Erfüllung durch Zuwendung. Dabei werden wir dann selbst zu „Tätern“, die bestimmte Gefühle und Einstellungen fordern, damit von unserer Sympathie etwas empfangen werden darf.

Seelencode 2

Die menschliche Seele strebt nach der ehrlichen und aufrichtigen Verbindung zu anderen.

Es gehört zu unseren irdischen Aufgaben, einen gemeinsamen Weg mit unseren Mitmenschen zu finden, der sich nicht als fauler Kompromiss erweist. Liebe kann nicht in einer Abwägung von Geben und Nehmen gelebt werden. Die weltliche Form der Zuneigung wird auch niemals bedingungslos sein. Es kommt daher darauf an, die ursprüngliche Form der Liebe zu erreichen. Die Liebe, die der Seele innewohnt. Diese Liebe ist kein Gefühl und keine Handlung. Sie fordert nicht und verlangt nicht. Sie plant nicht und sie handelt nicht. Liebe *ist.* Das zu begreifen, gehört vielleicht zu den größten Herausforderungen des Menschseins.

Häufig enden Kontakte zwischen zwei Menschen so, dass einer sich nachher besser fühlt und der andere ausgelaugt und müde. Der

Kräfteverlust kann die Folge einer Mitleidsreaktion sein: In der Annahme, dass unser Gegenüber leide, gehen wir in eine ähnliche Haltung und bedauern sein Schicksal mit ihm. Damit ist niemandem geholfen. Beide unterdrücken bei dieser Form der Begegnung ihren Code der Gemeinschaft. Gelingt es uns hingegen, Mitgefühl zu empfinden, so begleiten wir diesen Menschen angenehm und helfend, bleiben allerdings für uns selbst bei unseren Gefühlen. Wir fühlen uns nicht ausgelaugt und gehen vielleicht nachdenklich, doch mit unserem eigenen Gefühl, mit der Situation um. Unser Mitmensch wird davon profitieren und ehrliche Nähe erleben. Sein Seelencode der Gemeinschaft wird auf diesem Wege ebenfalls aktiviert oder entfacht. Sicherlich ist es schwierig, sich gleichzeitig gegen Energieverlust im Kontakt mit Menschen zu schützen und mitfühlende Nähe zu leben. Doch auch diese Aufgabe gehört zum Menschsein. Der einfachste Ausweg aus dem Risiko des Mitleidens oder des Gefühls, emotional ausgebeutet zu werden, wäre die persönliche Isolation. Zurückgezogen und alleine lebend minimierte sich einerseits die Gefahr, sich selbst im Kontakt mit anderen zu verlieren, doch zahlten wir andererseits den Preis der irdischen Einsamkeit und des Stillstandes unserer Seelenentwicklung. Dies bedeutet jedoch nicht, dass eine Vielzahl zwischenmenschlicher Beziehungen oder gar das dauerhafte Erdulden leidvoller Kontakte notwendig wären, um den Code der Gemeinschaft zu entfalten und die damit verbundenen Aufgaben zu erfüllen. Es kommt vielmehr auf die Qualität unserer Beziehungsgestaltung an. Entscheidend sind die Intensität und Hingabe, mit der wir die Kontakte zu anderen Menschen, aber auch unsere Gedanken und Gefühle ihnen gegenüber gestalten. Tausend wohlwollende Begegnungen mit unseren Mitmenschen, die im irdischen Sinne gutmütig, großzügig oder hilfreich sein mögen, könnten ohne tieferen Nutzen bleiben, wenn unsere Hilfe oder unser Beistand von egoistischen Zielen getragen würden oder unser Handeln nicht von Nächstenliebe geprägt sein würde. Ein einziger Augenblick der Begegnung zweier Menschen, vielleicht so kurz wie ein Wimpernschlag, könnte jedoch den Code der Gemeinschaft wecken, ihn vorantreiben oder das längst flackernde Feuer der Seele weiter entfachen. Dazu müsste dieser kurze Moment frei von Anforderungen oder Interessen diesem Menschen gegenüber verlaufen und gleichzeitig von der Erkenntnis geprägt gewesen sein, dass unser Gegenüber ein Teil der Seelengemeinschaft ist und dies auch immer sein wird.

Wenn wir zu dem, was wir in einem anderen Menschen sehen, aus Überzeugung sagen können: *Auch das ist ein Teil von mir*, auch dann oder gerade dann, wenn wir Ablehnung ihm gegenüber verspüren, haben wir den Code der Gemeinschaft nicht nur verstanden. Wir leben ihn in der höchstmöglichen irdischen Form. Dies bedeutet nicht, dass wir den Entscheidungen oder Handlungen anderer Menschen immer zustimmen müssten. Nächstenliebe, Toleranz, Akzeptanz und ein bewertungsfreies Miteinander bedeuten nicht, jedem Menschen die Beliebigkeit seines Handelns im Irdischen zu gewähren. Als Menschen werden wir immer, wenn auch oft mit Unsicherheiten und Zweifeln behaftet, Urteile über Verhaltensweisen fällen und Konsequenzen daraus ableiten. Unsere Mitmenschen als Teil von uns selbst und damit als Teil der Seelengemeinschaft zu begreifen, bedeutet vor allem, sein inneres Wesen und damit seine Seele als Teil des Ganzen anzunehmen und ohne Urteil sein zu lassen.

Joshua und der Erdenengel - Teil 2

Joshua kam zum Erdenengel, um von seinem ersten Leben zu berichten. Und so schilderte er all seine Erlebnisse, Empfindungen und Eindrücke – all das, was er im Irdischen zum ersten Mal erlebte. Er hatte von vielen interessanten Begegnungen und Ereignissen zu berichten, jedoch auch so manche Sorge und erfahrenes Leid. Unter anderem hatte er die schmerzhafte Erfahrung gemacht, einen guten Freund zu verlieren, dem er nicht mehr vertrauen konnte, nachdem dieser ihn hintergangen hatte.

„Sage mir, Engel der Erde, habe ich meine Aufgaben erfüllt?" fragte Joshua.

„Joshua, es geht nicht um die Frage, ob du deine Aufgaben vollständig erfüllt hast, sondern wie du mit ihnen umgegangen bist. Denn du weißt, dass es zu Lebzeiten auf Erden darum geht, deine Seele weiterzuentwickeln, zu lernen und damit einen Beitrag zum Fortschritt der Seelengemeinschaft zu leisten. Du kannst nicht alles mit einem Mal lernen. All das, was du bereits verstanden und in diesem einen Leben umgesetzt hast, wird dir als Charakterstärke in dein nächstes Leben mitgegeben – als Fundament deiner Persönlichkeit. Einiges von dem,

was du bereits hättest lernen können, wird dir erneut begegnen, wenn du wiedergeboren wirst, weil du die darin liegende Aufgabe noch nicht angenommen hast."

„Welche Aufgabe war das?" entgegnete Joshua.

„Als dein getreuer Freund dir unrecht getan, indem er dich hintergangen und damit verraten hatte, bot sich dir die Herausforderung, das Besondere der Gemeinschaft der Seelen zu erkennen. In deinem Schmerz und in deinem Wunsch nach Vergeltung aber wähltest du den Weg, dich hasserfüllt abzuwenden und den Freund zu verbannen. Du konntest ihn nicht mehr als Teil der Gemeinschaft sehen", sagte der Erdenengel.

Joshua dachte nach und erinnerte sich an die Wut und Enttäuschung, die von ihm Besitz ergriffen hatten, nachdem ihm der Freund die Treue gebrochen hatte.

„Was aber hast du von mir erwartet? Hätte ich diesem Freund vergeben sollen? Hätte ich versuchen sollen, die Freundschaft noch einmal herzustellen?" fragte Joshua verzweifelt.

„Aber Joshua", antwortete der Erdenengel, „du weißt, dass niemand irgendein Verhalten von dir erwartet. Das Zerwürfnis eurer

Freundschaft stand von Anfang an im Buch deines Lebens. Die folgenden Seiten aber waren leer. Wie auch immer du dich entschieden hättest, zum Fortsetzen oder eben zum Beenden der Freundschaft – keiner der möglichen Wege hätte dazu geführt, dass du die Gemeinschaft der Seelen hättest vergessen müssen. In deinem Zorn hast du deinem Freund die Zerstörung seines Lebens gewünscht. Du hast ihn damit von der Gemeinschaft der Seelen ausgeschlossen."

„Ja, das habe ich. Der Verrat des Freundes war so schmerzhaft, dass ich ihm sein Glück nicht mehr gönnen wollte."

„Weißt Du, Joshua, nachdem deine Wut sich etwas gelegt hatte, sprachst du nur noch von einem Verräter und nicht mehr von einem früheren Freund. Im Nachhinein kamst du zu der Ansicht, eure Freundschaft sei nie etwas wert gewesen. Ich frage dich nun, ob du diese Einschätzung immer noch für die richtige hältst. Doch bevor du antwortest, Joshua, überlege genau, ob die gemeinsame Zeit vor dem Verrat nur eine Zeit der üblen Täuschung war, in der dein vermeintlicher Freund dir heimlich unrecht getan hat. Wenn dem so war, so soll deine Einschätzung gelten, und deine Aufgabe, in eu-

rem Konflikt einen Beitrag zur Seelengemeinschaft zu leisten, soll als erfüllt betrachtet werden. Wenn du aber aus Überzeugung sagen kannst, dass eure Freundschaft einst ehrlich und aufrichtig gewesen war, so hättest du dies in deinem Zorn nicht anerkannt. Wie lautet nun deine Antwort, Joshua?"

Joshua senkte den Blick. Er begann, zu begreifen und zu sehen, was er zu Lebzeiten nicht zu sehen bereit war.

„Engel der Erde, ich habe mich geirrt. Unsere Freundschaft war einst das höchste Gut in meinem Leben. Sie bedeutete mir mehr als irgendeine andere Verbindung. Deshalb war auch mein Schmerz so groß, als der Freund sich von mir abwandte. Doch kann ich nicht sagen, dass die von mir wahrgenommene Ehrlichkeit und Aufrichtigkeit unserer Freundschaft vor diesem Ereignis nur aufgesetzt oder gespielt gewesen wäre. Nein, es war eine ehrliche Freundschaft bis zu jenem Tag. Das fühle ich genau."

„Möchtest du nun wissen, was von dir erwartet wurde, Joshua?" fragte der Erdenengel.

„Ich weiß es bereits" entgegnete Joshua. „Ich hätte mich von dem Freund abwenden können, doch hätte ich das Gute auch als gute Erinnerung behalten können. Ich hätte die Tat verur-

teilen und das Wesen des Freundes gleichzeitig unbewertet lassen können. Wenn ich mir nun vorstelle, meine zornigen Wünsche wären in Erfüllung gegangen, dann hätte ich damit seine Seele von der Gemeinschaft der Seelen ausgeschlossen. Ich habe mich also damit selbst von der Seelengemeinschaft abgewandt. In diesem Teil meines Selbst bin ich stumpf und verschlossen geworden und habe meine eigene Entwicklung aufgehalten."

Joshua wurde traurig, denn er bedauert es zutiefst, so sehr gegen seine eigene Natur und Bestimmung gehandelt zu haben. Noch unbegreiflicher aber erschien es ihm, dass er nicht in der Lage gewesen war, dies selbst zu erkennen. Er begann, zu weinen, so sehr bedauerte er seine eigene Menschlichkeit und Fehlbarkeit im irdischen Dasein.

Der Erdenengel, der die Aufgabe hat, die Seelen in das irdische Dasein zu entsenden, tröstete Joshua und versprach ihm, dass er in seinem nächsten Leben noch einmal etwas Ähnliches erleben würde. Auch, wenn er sich dann weder an das vorherige Leben noch an dieses Gespräch mit dem Erdenengel erinnern könnte, so solle er doch gewiss sein, dass er die Erinnerung daran als Teil seiner Wesenszüge mit auf die Erde bringen würde. Und so geschah es: Joshua wurde wiedergeboren in ein neues Leben.

In unserem menschlichen Verständnis fällt es uns mitunter schwer, zwischen dem Sein und dem Handeln eines Menschen zu unterscheiden. Es mag auf den ersten Blick konsequent oder gar richtig erscheinen, zu glauben, dass ein Mensch so handelt, wie er denkt und so denkt, wie er ist. Eine einfache Formel könnte dann lauten: Wer Böses tut, denkt auch nur Böses und muss damit böse sein. Wenn wir uns selbst kritisch hinterfragen, werden wir zugeben müssen, dass wir recht häufig Gedanken oder Fantasien hegen, die wir aufgrund unseres moralischen Verständnisses oder unserer sittlichen oder religiösen Erziehung niemals in die Tat umsetzen würden. Manchmal sind es Gewaltfantasien, um uns an einem Menschen zu rächen, der uns unserer Meinung nach ein Unrecht angetan hat. Oder aber der Wunsch, dieser möge gleiches Unrecht erfahren oder einen Schicksalsschlag, der ihm etwas Wertvolles oder Geliebtes wegnehmen sollte. Es gibt sehr viele weitere Rachegedanken und natürlich auch solche, die nichts mit Vergeltung zu tun haben, aber dennoch die Vorstellung eines Schadens für andere beinhalten. Natürlich folgern wir nicht daraus, selbst schlechte Menschen zu sein, nur weil wir solche Gedanken kennen. Das jedoch hat weniger damit zu tun, dass wir unsere Fantasien als gerechten Ausgleich für erfahrenes Leid einschätzen. Es liegt vor allem daran, dass wir uns sicher sind, diese Fantasien niemals auszuleben.

Es mag stimmen, dass unrechtes oder unmoralisches Handeln nur aus verwerflichen Gedanken heraus geboren werden kann. Dennoch zwingen uns unsere Gedanken nicht zu einer Handlung. Psychisch gesunde Menschen entscheiden mithilfe ihres freien Willens über die Taten, die sie vollbringen. Wenn wir aber – wie im Falle unserer nicht ausgelebten Rachegedanken – unsere Wut, unseren Zorn oder unsere Hilflosigkeit im Umgang mit der erfahrenen Ungerechtigkeit und damit das, was wir sind, selbst unbewertet lassen können, dann kann uns dies auch bei anderen Menschen gelingen. Wir können also die Wesensart eines Menschen akzeptieren und gleichzeitig seine Handlungen ablehnen.

Unser persönliches Wesen im irdischen Menschsein, das sich aus unserem Charakter, unserem Temperament und unserer Persönlichkeit zusammensetzt, unterliegt nur sehr geringfügig unserem freien Willen oder unserer Entscheidungsfähigkeit. Vieles davon ist uns von Geburt an gegeben. Ein anderer Teil davon entwickelt sich über Erziehung und Sozialisation sowie über miterlebtes oder selbst erfahrenes Leid. Wir wissen, dass Menschen innerlich an ihrer Erfahrung zerbrechen können und dass nicht nur ihr Wille oder ihre Hoffnung, sondern auch ihre moralischen Werte gebrochen werden können. Wir wissen ebenso, dass diese inneren Veränderungen der Gedanken und Gefühle, die beim Erdulden körperlicher oder seelischer Qualen entstehen, schlimme Folgen für die Wahrnehmung und das Erleben der betroffenen Person haben können. Dass sich mit der Zeit oder manchmal sogar innerhalb weniger Augenblicke die eigene Persönlichkeit grundlegend verändern kann, ohne dass der Betroffene dies steuern könnte. So sehr schwere menschliche Schicksale und Leidenswege, die eine Person zum leidenden und gleichzeitig Leid bringenden Menschen werden lassen, unser Mitgefühl ansprechen können, bleibt es doch unsere Aufgabe, zwischen Sein und Handeln zu unterscheiden.

Sofern wir bei klarem Verstand sind, also weder von Drogen oder andere Substanzen noch von speziellen Krankheiten wie beispielsweise Psychosen oder durch Gewaltausübung anderer Menschen zu bestimmten Handlungen gezwungen werden, sind wir für unsere Taten voll verantwortlich. Für unsere Gefühle und daraus entstehende Gedanken sind wir das jedoch nicht.

Aktivierung des Seelencodes der Gemeinschaft

Der zweite Code unserer Seele, der Code der Gemeinschaft, ist befreit und sprudelt wie eine unerschöpfliche Quelle, wenn wir möglichst oft folgende Empfindungen haben:

1. ***Wir rauben unseren Mitmenschen keine Energie.***

   Wenn wir anderen Menschen begegnen, verspüren diese eine angenehme Nähe. Sie schöpfen aus dem Kontakt zu uns und fühlen sich genährt, nachdem wir wieder auseinandergehen. Wir haben ihnen vielleicht viel Aufmerksamkeit geschenkt oder nur einen kurzen Augenblick, so vergänglich wie ein Wimpernschlag. Doch sie gehen mit angenehmen Gefühlen aus der Begegnung.

2. ***Wir sehen in anderen uns selbst.***

   Wir verstehen alle Menschen als Teil der Seelengemeinschaft. Wir halten im Bewusstsein, dass wir alle als einzelne Seelen in das irdische Leben geboren werden, um zu lernen und gleichzeitig uns selbst und die Seelengemeinschaft in ihrer Entwicklung zu fördern.

3. ***Wir unterscheiden zwischen Sein und Tun.***

   Wir haben verstanden, dass Menschen für das, was sie sind, gar nichts können, doch alles für das, was sie tun.

Kranke Menschen können hierbei eine Ausnahme bilden, wenn die Krankheit die Unterscheidungsfähigkeit von Recht und Unrecht oder ein Handeln nach freier Entscheidung beeinträchtigt oder unmöglich macht.

Um den Code der Gemeinschaft zu aktivieren oder weiter zu entfachen, kommt es vor allem darauf an, unsere Mitmenschen als Teil der Seelengemeinschaft und damit als Teil von uns zu erkennen.

> ***Übung zum Code der Gemeinschaft***
>
> *Gehen Sie einen ganzen Tag lang mit offenen Augen durch Ihr Leben. Nehmen Sie jeden Menschen, der Ihnen begegnet, bewusst wahr.*

Sagen Sie in Gedanken zu jedem von ihnen:

„Auch du bist ein Teil von mir."

Achten Sie darauf, ob es Ihnen leicht fällt, oder ob Sie es manchmal nicht mit wirklicher Überzeugung sagen können. Wiederholen Sie die Übung, bis Sie ein gutes Gefühl dabei haben, diesen Satz zu jedem Menschen zu sagen. Denken Sie daran, dass Sie seine Taten damit nicht gutheißen und ihnen nicht zustimmen müssen.

3

DER SEELENCODE DER RESONANZ

Alles Irdische ist Energie: jegliche Materie, ganz egal, ob Pflanze, Mensch oder scheinbar unbelebte Natur. Hinter allen Formeln, hinter Molekular- und Zellstrukturen, hinter den kleinsten auffind- oder messbaren und hinter jedem vorstellbaren Teilchen steht immer eines: Energie. Selbst unsere Gedanken und Gefühle bestehen aus Energie. Die Quantenphysik lehrt uns diese Betrachtung und hat letztlich die Quantenheilung hervorgebracht – wahrscheinlich, ohne je daran zu denken, dass Heilung eine Folge ihrer Betrachtungen sein könnte. Inzwischen hat diese Sichtweise viele Erkenntnisse hervorgebracht und der Menschheit auf ihren spirituellen Wegen neue Perspektiven und Chancen der Weiterentwicklung eröffnet. Das Verstehen der Energie und die Nutzung ihrer ursprünglichen Form sind große Errungenschaften. Dennoch möchte ich etwas weiter gehen. Denn auch Energie ist ein recht irdisches Phänomen.

Was lehrt uns die Quantenphysik? Erschließt sie den Code der Seele? – Vielleicht tut sie das, auf eine verständliche und angemessene weltliche Art. Es liegt in unserer logischen Denkweise, physikalische Größen mit dem Menschsein zu verbinden. Auf bemerkenswerte Weise spricht daraus der immerwährende menschliche Versuch, das Göttliche schließlich wissenschaftlich fassbar zu machen und die schöpferischen Möglichkeiten unserer Gedanken und Wünsche durch Energiefluss zu erklären und zu steuern.

Das Gesetz der Resonanz wurde bereits vielfach beschrieben und hat in zahlreiche Glaubenslehren Einzug gehalten. Reduziert auf die einfache Formel, dass wir das in unser Leben ziehen, was wir selbst auch aussenden, wird das Resonanzgesetz häufig als universelle und einzige Regel des Lebens dargestellt. Ich möchte weiter gehen, denn meine spirituelle Erfahrung verpflichtet mich dazu. Von den Verfechtern dieses universellen und einfachen Glaubenssatzes wird häufig suggeriert, alles darüber Hinausgehende wäre nur Ausdruck negativer Glaubenssätze und verkompliziere unnötig den einfachen Weg des Erfolges. Positives Denken und bejahende Bekräftigungen sollen der einfache Weg zum Glück sein.

In einem Punkt stimme ich dieser Denkweise zu: Es gibt den Weg zum irdischen Glück und zu angemessener Fülle, die sich auch in materiellem oder finanziellem Wohlstand äußern kann. Hierzu muss auch nicht zwingend ein Weg des Leidens und der Schmerzen gegangen werden.

Wunschorakel funktionieren häufig. Entsandte Wünsche erfüllen sich vielfach, andere bleiben unerhört. Doch warum? Wurde im Vorhinein falsch formuliert? Waren negative Gedanken zu stark? Konnte die Energie der konstruktiven Grundhaltung nicht lange genug gehalten werden? Meine Antwort hierauf lautet: Die Seele war nicht befreit! Ihr verborgener Code schlendert meist umher und wartet auf Aktivierung. Auch hier findet die Frage Berechtigung, warum der Code der Seele so verborgen ist. Und warum er nicht einfach von selbst aktiv wird.

Jeder Mensch kommt mit Lernaufgaben zur Welt. Es ist die Bestimmung der Seele, sich in der irdischen Welt immer weiter zu entwickeln, mit jedem Leben neue Facetten kennenzulernen und auf diese Weise selbst voranzukommen. Seelen sind nicht identisch. Auch nach dem irdischen Tod ist jede Seele in ihrer Eigenart einzigartig. Gleichzeitig geht die Seele in der Gemeinschaft anderer Seelen auf. Sie ist nicht derart begrenzt wie ein menschlicher Körper. Sie muss Nähe und Verbindung zu anderen Seelen nicht erst mühsam herstellen, denn diese bestehen bereits in der geistigen Welt. Aus irdischer Sicht ist das schwer vorstellbar und alle Vergleiche und Bilder, die wir zum Verstehen der Seelengemeinschaft entwerfen können, bleiben unzureichend. Ich will es dennoch versuchen, denn nur das, was wir uns auch vorstellen können, kann Wahrheit werden. Das gilt auch für die Zeit nach unserem irdischen Tod. Denn wir gehen mit all unseren Glaubenssätzen und Glaubensbegrenzungen hinüber. Es eröffnet sich uns dann die unendliche Weite der universellen und göttlichen Liebe und Weisheit. Sie anzunehmen oder abzulehnen, bleibt uns überlassen.

Betrachtet man einen riesigen Schwarm von Fischen, so stellt man fest, dass er sich harmonisch bewegt. Beindruckende Filmaufnahmen zeigen uns immer wieder diese wundervolle Sinfonie tausender einzelner Fische, die sich ohne besondere Verständigung oder gemeinsame Planung zu einem Schwarm vereinen, der ein Gesamtes ergibt, das aus den Individuen nicht erschlossen werden kann. Es scheint, als habe der Schwarm eine eigene übergeordnete Identität und als sei er ein riesiges Lebewesen, das aus vielen beweglichen Zellen besteht. Die Plätze innerhalb dieses Kollektivs sind teilweise recht verschieden. Es gibt beispielsweise futtergünstige Positionen oder solche, die sehr viel Schutz bieten. Manche erlauben vielleicht etwas mehr oder auch weniger freie Bewegung. Dennoch profitiert jeder einzelne Fisch von der Sinfonie des Schwarms, von der Harmonie und Schönheit des Miteinanders. Auf die hohe Stufe des Seelen-Daseins übertragen, werden wir ähnlich wie die Fische in der Gemeinschaft der Seelen aufgehen und dennoch unseren eigenen Platz einnehmen können, je nach unserer eigenen Entscheidung.

Wir können wissen, dass wir uns im Seelenschwarm befinden oder aber einfach dort sein und es uns nicht gewahr werden lassen. So wie es möglich ist, seine individuellen Träume, seinen Glauben zu haben, so ist dies auch zusammen in der Gemeinschaft der Seelen möglich. Unser irdisches Dasein ist anders. Wir streben nach dem Kontakt zu anderen Menschen, doch wir sind nicht automatisch mit ihnen verbunden. Wie einzelne verirrte Fische, die versuchen kleine Gruppen zu bilden, suchen wir Anbindung und Geborgenheit. Die Seele strebt danach, den ursprünglichen Zustand der Verbundenheit wiederherzustellen. Dabei unterliegt sie den physikalischen und psychologischen Gegebenheiten dieser Welt. Den angestrebten Zustand zu erreichen, gelingt jedoch nur auf einer höheren Ebene, die von Materie und Logik unabhängig ist. Doch auch diese ist uns im Hier und Jetzt zugänglich: Sie ist in unserem Geiste zu finden. Wir können sie auf mentale Weise erreichen und damit ein ewiges Tor zur geistigen Welt öffnen. Nicht jeder Mensch wird das in seinem derzeitigen Leben schaffen. Die Fähigkeit dazu ist jedoch in jedem selbst angelegt. Wem es gelingt, sich auf den Weg zu machen, um den Code der Seele zu aktivieren und ihn gewahr werden zu lassen, der gelangt auch an dieses Ziel.

Das Gesetz der Resonanz spielt hierbei eine entscheidende Rolle. Doch besagt es nicht, wie üblicherweise beschrieben, dass wir das in unser Leben ziehen, was wir aussenden. Es kommt auch nicht darauf an, was wir denken oder welche Überzeugungen wir besitzen. Ebenso nicht auf unsere guten oder bösen Absichten oder auf eine moralische Entwicklung. Wir ziehen nicht immer in unser Leben, was wir aussenden. Tausende Menschen erleben enttäuscht, dass ihre wohlformulierten und positiv besetzten Wünsche nicht in Erfüllung gehen. Trotz aller Umprogrammierungen negativer Glaubenssätze durch positive Formeln und intensive Autosuggestionen bleiben viele motivierte Menschen erfolglos und suchen nach den Ursachen.

In der Physik besagt die Vorstellung der Resonanz, dass eine energetische Schwingung eine weitere erzeugt. Es lassen sich nun physikalische Gesetze dazu beschreiben, doch ich habe bereits betont, dass die Seele diesen nicht unterliegt. Sie besteht nicht aus Energie. Sie hat eine viel göttlichere Form des Daseins, die mit unserem menschlichen Verstand bisher nur so beschrieben werden kann, dass die Seele *ist*. Es gibt sie. Sie existiert und sie überdauert alles.

Wünsche, die wir ins Universum oder zur geistigen Welt senden, werden nicht als Energie dorthin übertragen. Der Weg der Entsendung und gleichzeitig ihr Ursprung ist die Seele. Es stimmt durchaus, dass jeder Wunsch auch in Erfüllung gehen kann. Doch kommt es nicht auf die Rituale oder den Glauben an, sondern auf die Beschaffenheit der Seele. Wir ziehen also das an, was dem Zustand und damit auch dem Entwicklungsstand unserer Seele entspricht. Das aber ist etwas anderes als die Natur des Denkens und Handelns. Denken und Handeln – sogar Fühlen – sind trainierbar und auf einfache Art und Weise konditionierbar. Unsere Grund-haltung entspricht aber bei Weitem nicht immer dem Zustand unserer Seele. Im ersten Teil dieses Buches habe ich bereits dargestellt, dass wir Menschen dazu neigen, eigene Gefühle kurzfristig zu verdrängen, mittelfristig zu verändern und langfristig aufzugeben, um anderen Menschen zu gefallen. Um ihre Aufmerksamkeit und ihre wohlwollende Zuneigung zu erfahren und diese möglichst lange für uns zu erhalten. Bereits in frühester Kindheit geben wir damit die Verbindung zu unserer Seele zugunsten der irdischen Bedürfnisbefriedigung auf. Als Erwachsene sind wir von uns selbst „entwöhnt" und oft glauben wir nur zu wissen, was wir fühlen und tief im Inneren denken. In Kursen und Therapien, in Meditationen und Glaubensgemeinschaften versuchen wir dann, andere Grundhaltungen, Gefühle und Vorstellungen aufzubauen, die uns zu einem in unseren Augen besseren Menschen machen sollen. Auch damit übernehmen wir dann Vorstellungen und Konzepte anderer, ohne darauf zu achten, wie unser wahrer Zustand aussieht. Doch gerade auf diesen kommt es an. Denn Wünsche gehen genau dann in Erfüllung, wenn sie mit unserem wahren Zustand und damit wieder mit der Entwicklung der Seele im Einklang stehen. Es kommt daher vor allem darauf an, die eigene Seele zu entdecken, sich ihrer bewusst zu werden und ihre Entfaltung zu ermöglichen. Eine völlig befreite Seele, die im irdischen Leben ihren Code aktiviert, entwickelt sich ohne Mühe ganz von allein und in Harmonie mit der göttlichen Weisheit. Sie hat kaum noch Wünsche, denn diese erfüllen sich bereits, ohne jemals formuliert worden zu sein. Der Zustand der Seele lässt das wahr werden, was ihrer Entwicklung entspricht. Unser Umgang mit uns selbst und mit unserem Leben spiegelt diesen Zustand wider.

Es drängt sich an dieser Stelle die Frage auf, wie lange ein Mensch benötigt, um seine Seele so weit zu entfalten, dass seine Wünsche mit ihr im Einklang stehen. Hier ist eine abstraktere Betrachtungsweise als die irdische Sicht der Dinge erforderlich. Häufig gehegte „große" Wünsche wie vielleicht ein Millionenvermögen sind nicht wirklich so groß. Nach unserem Tode werden wir einzig und allein daran gemessen, wie viel Liebe wir in die Welt getragen haben. Liebe ist der größte Beitrag, den wir der Menschheit leisten können und dieser setzt eine hohe Seelenentwicklung voraus. Wie weit also müsste eine Seele in ihrer Entfaltung bereits gekommen sein, um ein Millionenvermögen per Wunschbestellung erhalten zu können? – Gar nicht so weit, wie die meisten Menschen wohl denken mögen: Das menschliche Leben auf Erden ist vor allem darauf angelegt, das Wesen der Seele zu erkennen und ihre schöpferische und liebende Kraft freizusetzen. Das allein genügt schon. Wenn es gelingt, den Code der Seele zu aktivieren und die vier einzelnen Codes der Seele freizusetzen, sie sich bewusst zu machen und sich gewahr werden zu lassen, dann geschieht alles andere von selbst. Das von den Forschern vergeblich gesuchte Perpetuum mobile – diese Maschine, die sich ohne Zufluss von Energie und ohne deren Verbrauch immer weiter dreht – existiert bereits. Es ist die Seele. Doch sie schlummert während unseres irdischen Lebens. Sie wartet darauf, befreit zu werden, sich in ihrer Schönheit und Harmonie entfalten zu dürfen. Der Code hierfür liegt in jedem von uns. Ihn zu entdecken und freizusetzen, ist unsere Lebensaufgabe.

Quantenheilung basiert auf dem Kontakt zum reinen Bewusstsein (oder zur reinen Bewusstheit), das auch „Gewahrsein“ genannt wird. Die Anwender der Quantenheilung lassen die ursprünglichste aller Energien zur Entfaltung kommen und bewirken damit eine Harmonisierung des menschlichen Organismus sowie die Aktivierung von ungeahnten Selbstheilungskräften. Damit treten sie bereits sehr nah an die Seele heran. Denn hinter der reinen Bewusstheit, jenseits dieser Energie – in einem Zustand, in dem Energien keine Rolle spielen – befindet sich die Seele. Wir können nicht nur selbst mit der reinen Bewusstheit in Verbindung treten. Wie leicht bereits das zu erreichen ist, beschreiben die Väter der Quantenheilung anschaulich und erbaulich. Der Wert ihres Zugangs zu dieser Ursprungsenergie ist immens für die Menschheit. Die abenteuerliche und schöne Reise, zu der uns die Quantenheilung einlädt, geht weiter. Sie kann selbst die Welt hinter dem reinen Bewusstsein erreichen – die Welt der Seele.

Die befreite Seele, deren Code aktiviert wurde, entfaltet sich von selbst. Sie zieht all das magisch an, was ihr hilft, sich weiterzuentwickeln und ihren ursprünglichen Seelenzustand wiederherzustellen. Sie zieht automatisch Fülle und Wohlstand in unser irdisches Leben. Und jeder Wunsch, der die Seele weiter befreien kann, wird erhört.

Joshua und der Erdenengel – Teil 3

Nach einem seiner Tode kam Joshua erneut zum Erdenengel, um über das vergangene Leben zu sprechen. Er hatte viele Fragen, doch am meisten beschäftigte ihn das Thema des Neides, den er in besonderem Maße kennengelernt hatte.

„Engel der Erde, sage mir, warum mir der menschlichen Neid, diese kalte und grausame Eigenschaft, so oft in meinem letzten Leben begegnen musste."

Wie nach jeder Rückkehr Joshuas in die geistige Welt der Seelengemeinschaft, stand der Erdenengel für seine Fragen zur Verfügung. Er wusste, dass Joshua in seinem letzten Leben ein erfolgreicher und angesehener Mann gewesen war. Er wusste auch, dass Neid und Missgunst ihm immer wieder begegnet waren.

„Sage mir, Joshua", begann der Erdenengel, „wie viel Neid war in dir?"

„Ich empfand keinen Neid." antwortete Joshua.

„Dann sage mir, was dir Anlass gibt, zu glauben, dass andere auf dich neidisch waren?"

„So viele wandten sich von mir ab, als ich erfolgreich wurde. Sie wechselten die Straßensei-

te, wenn sie mich sahen. Sie sprachen über mich hinter vorgehaltener Hand. Was könnte ich anderes darin sehen als Neid und Missgunst?"

„Aber Joshua, wie misstrauisch bist du doch geworden", entgegnete der Erdenengel. Und er fuhr fort: "Wie hast du darauf reagiert? Was hast du unternommen, um auf deine Mitmenschen zuzugehen? Was hast du getan, um zu sehen, was sie wirklich von dir denken?"

Joshua antwortete: „Nichts habe ich unternommen. Ich hielt es für besser, mich gegen ihren Neid abzugrenzen, um meinem eigenen Weg zu folgen. Du, Erdenengel, hast mir einst gesagt, dass ich mich mit denen, die sich gegen mich wenden oder mir Unrecht tun, nicht versöhnen müsste. Gilt das nicht mehr?"

„Aber Joshua, hast du es denn immer noch nicht verstanden? Weißt du denn wirklich nicht, warum du diesem Neid immer wieder begegnet bist?" fragte der Engel.

„Nein, das verstehe ich nicht." antwortete Joshua.

„Was hätte dir gezeigt," fragte der Engel weiter „dass sie nicht neidisch waren, sondern vielleicht nur unsicher?"

„Wenn sie ohne Vorbehalte einfach auf mich zugegangen wären, hätte ich gesehen, dass es

doch kein Neid war. Vielleicht hätte ich dann verstehen wollen, was sie wirklich empfanden."

„Es war also die Stille zwischen euch, die bei dir dieses Bild hat entstehen lassen?" fragte der Erdenengel.

„Ja, so war es." antwortete Joshua und verstand immer noch nicht, was der Engel der Erde ihm damit sagen wollte.

„Und du, Joshua, hast die Stille nicht gebrochen." fuhr der Erdenengel fort. „Du hast dich zurückgezogen, manchmal hast du dich sogar in deinem Haus versteckt, damit sie dich nicht sehen können. Du hast sie durch das Fenster beobachtet, um ihre skeptischen Blicke zu sehen, um dein eigenes Bild von dem Neid der Menschen zu bestätigen. Genau wie sie hast du nur noch hinter vorgehaltener Hand gesprochen. Was glaubst du wohl, was sie dabei dachten?"

Joshua dachte nach. In seiner Erinnerung konnte er sich selbst noch einmal sehen. Er spürte noch einmal die zornige Einsamkeit, die er in seinem Selbstmitleid oft empfunden hatte. Er fing an, zu begreifen und wandte sich dem Erdenengel zu. Dieser wartete geduldig darauf, dass Joshua erkannte, dass die vermeintlichen Neider wie ein Spiegel waren, in den er so oft blickte.

„Wahrscheinlich haben sie mich genau so gesehen wie ich sie. Ich glaube, meine Zurückhaltung und Vorsicht hatten dazu geführt, dass ich ihnen unnahbar und fremd erschien. Möglicherweise habe ich dabei sogar verbittert gewirkt. Vielleicht haben sie mich auch für einen Menschen gehalten, der voller Neid auf diejenigen war, die zufriedener lebten, wenn auch weniger erfolgreich. Sage mir, Erdenengel, war das der Preis für meinen irdischen Erfolg?"

„Aber nein", antwortete der Engel. „Wie du weißt, gibt es weder Lohn noch Strafe noch irgendeine Form von Preis für das, was du auf Erden bist. Es ist nur so, dass dir in deinem irdischen Leben vor allem das gezeigt wird, was dem Zustand der eigenen Seele entspricht."

„Gab es denn wirklich nichts anderes?" fragte Joshua. „Konnte mir wirklich weder Ehrlichkeit noch Freundschaft begegnen? War meine Seele derart verbohrt, dass all das nicht sein konnte?"

„Nein, Joshua" antwortete der Erdenengel. „Das war sie nicht. Denn all das, was du in deinem Leben vermisst hast, war ebenso in der Nähe. Du hast nur nicht hingesehen."

Liegt der Seelencode brach und schlummert auf Erlösung wartend tief in uns, so dürfen wir dennoch Wünsche absenden: ins Universum, zur geistigen Welt oder zu Gott und den Engeln. All diese Ziele beschreiben die gleiche Instanz. Erfüllt werden sie immer dann, wenn sie der Entwicklung unserer Seele dienlich sind. Das sind sie, wenn wir die Wunscherfüllung nutzen können, den Code unserer Seele zu aktivieren und das Feuer ihrer Entwicklung zu entfachen. Das aber ist nicht immer der Fall. Leben wir gegen den ursprünglichen Code der Seele und damit entgegen der Schöpfung, die unsere Seelen hervorgebracht hat, so könnte ein materieller oder auch ein spiritueller Wunsch in seiner Erfüllung für uns mehr zum Fluch als zum Segen werden. Einen Millionengewinn zu wünschen, um ihn an arme Menschen zu verteilen, mag eine ehrenwerte Tat sein. Doch würde der Gewinn auch den Seelencode des Wünschenden entfachen? – Die Antwort auf diese Frage ist das Entscheidungskriterium der Wunscherfüllung. Es kommt also nicht darauf an, im Zuge der Wunscherfüllung ein ehrenwerter Mensch zu werden oder zu bleiben, sondern durch sie die eigene Seele zur Entfaltung kommen zu lassen. Unsere Seele ist nie gänzlich inaktiv. Wie wir bereits bei den bisher beschriebenen Codes gesehen haben, strebt sie immer danach, ihren ursprünglichen Zustand wiederherzustellen. Sie tritt mit dem ersten Atemzug des Neugeborenen die Heimreise an.

> ***Seelencode 3***
>
> *Wir ziehen Ereignisse und Zustände in unser irdisches Leben, die dem Zustand unserer Seele entsprechen.*

Die größtmögliche Entwicklung der menschlichen Seele wäre das Erreichen des Seelenzustandes der geistigen Welt auf Erden. Genau das versucht unsere Seele in jedem irdischen Leben zu erreichen. Wunscherfüllung ist jedoch nicht vom Grad des Erreichens dieses Zieles abhängig, sondern einzig und allein davon, dass der Seelencode durch die Erfüllung weiter entfaltet wird. Eine Seele, die im Halbschlaf lebt und durch irdische Begrenzungen ihren Code nicht richtig freisetzen kann, wird gerade durch materielle Wünsche in diesem Zustand verharren.

Aktivierung des Seelencodes der Resonanz

Der dritte Code unserer Seele, der Code der Resonanz, ist befreit und sprudelt wie eine unerschöpfliche Quelle, wenn wir möglichst oft folgende Empfindungen haben:

1. ***Wir erkennen den Zusammenhang der Bausteine unseres Lebenslaufes.***

   In der Rückschau unseres Lebenslaufes erkennen wir plötzlich und immer wieder, dass alle Phasen unseres irdischen Daseins auf besondere Art und Weise ineinandergreifen und wir gelangen zu der Einsicht, dass alles genau so sein musste, wie wir es erlebt haben.

2. ***Wir erkennen uns selbst in den aktuellen Ereignissen unseres Lebens.***

   Uns wird klar, dass die Ereignisse, die uns scheinbar zufällig ereilen, wie ein Echo unseres Seelenzustandes sind. Wir verstehen den Zusammenhang zwischen Misserfolg oder Stagnation und unserer inneren Haltung. Umgekehrt fühlen sich Erfolge und andere positive Ereig-

nisse nicht länger wie grandiose Zufälle, sondern passend und stimmig an.

3. ***Wir begegnen immer mehr Gleichgesinnten.***

   Wir spüren, dass wir von vielen Menschen mit ähnlichen Gedanken umgeben sind. Wir treffen ständig neue Personen, die uns vertraut erscheinen, obwohl wir sie nicht kennen.

Natürlich begegnen uns immerzu Menschen, die unserem eigenen Seelenzustand entsprechen. Doch mit entfesseltem Seelencode kommt es uns plötzlich wie Vorsehung vor. Wir erkennen nun die Ähnlichkeit dieser Menschen zu uns selbst und spüren, dass wir sie nicht zufällig treffen.

Um den Code der Resonanz zu aktivieren oder weiter zu entfachen, kommt es vor allem darauf an, in den Ereignissen unseres Lebens das Spiegelbild unserer Seele zu finden.

Übung zum Seelencode der Resonanz

Notieren Sie auf einzelne Zettel jeweils bedeutende Ereignisse Ihres Lebens aus den vier Bereichen Familienleben, Schul-

4

DER SEELENCODE DES KARMAS

„Karma" ist als Begriff nicht eindeutig definiert, da er von Vertretern vieler Glaubenslehren mit unterschiedlichen Bedeutungen und Absichten belegt wurde. Da auch ich ihn verwende, möchte ich mein Verständnis davon zunächst darlegen. Es geht mir dabei nicht darum, zu definieren, was Karma ist oder andere Bedeutungen damit abzulehnen. Die Zusammenhänge, die ich in diesem Kapitel schildere, könnten sicherlich mit anderen Begriffen bezeichnet werden. Meine Bezeichnung dafür ist Karma.

Wir neigen dazu, die Ereignisse unseres Lebens in einen Zusammenhang von Ursache und Wirkung zu stellen. Dabei ist den meisten Menschen klar, dass alle unsere Handlungen etwas verändern. Sie zeigen eine Wirkung, die unscheinbar oder auch deutlicher sein kann und bis hin zu imposanten und nachhaltigen Auswirkungen reicht. Dennoch können wir mit unserem irdischen Verstand nicht immer und in allem einen Sinn finden und häufig erst recht keine Ursachen für viele Ereignisse des Lebens ausmachen. Dennoch gibt es die Kontingenz der irdischen Welt – also jenen übergeordneten Zusammenhang, der besagt, dass jedes irdische Dasein aus Energie besteht und diese immer in Wechselwirkung mit anderen Energien steht. Letztlich besteht alles Irdische aus dieser Kraft: jede Materie und jeder Gedanke. Energie geht nicht verloren, sondern wird transformiert.

Nichts von dem, was wir denken oder tun, bleibt damit folgenlos. Häufig liegen die Folgen unseres Handelns wie riesige Gesteinsbrocken auf unserem Lebensweg und müssen mühsam zur Seite gerollt werden. Manchmal leiden Menschen ein Leben lang unter den Auswirkungen ihres Handelns. Ebenso kommt es natürlich vor, dass sich unsere Entscheidungen und Handlungen angenehm auswirken und wir von ihren Folgen profitieren. Alle Anforderungen und Herausforderungen des Lebens, die schwierigen wie die leichten, begegnen uns nur aus einem einzigen Grund: Als Lernaufgaben sollen sie uns auf die Natur unserer Seele aufmerksam machen und uns dabei helfen, unsere Bestimmung zu leben: die Befreiung und Entfaltung unserer Seele, die Aktivierung unseres Seelencodes. Das ist schon alles. Einerseits ist das eine schlichte und klare Aufgabe, andererseits die größte Herausforderung des Menschseins. Alle Religionen der Welt beschreiben Lern- oder Entwicklungsaufgaben des Menschen. Diese fallen in ihren Inhalten recht unterschiedlich aus. Gemeinsam ist allen der Versuch, die Lernaufgaben mit der göttlichen Weisheit einerseits und mit der Bestimmung der Seele andererseits in Einklang zu bringen. Hinter all den kulturellen und zivilisationsgeprägten Vorstellungen, welche Inhalte wohl die menschlichen Lernaufgaben haben könnten, gibt es nur eine einzige Aufgabe, die sie zu erfüllen hat: die Befreiung ihrer selbst.

Wir können zwei Wege gehen: Geduldig und Schritt für Schritt können wir die Herausforderungen des täglichen Lebens abwarten, sie entgegennehmen und dann versuchen, sie zu meistern. Das erfordert irdische Handlungen und geistige Auseinandersetzungen. Brechen wir uns ein Bein beim Sturz von der Leiter, so müssen wir uns den Schmerzen stellen, für Behandlung sorgen und dafür, dass unser Alltag weiter funktioniert. Wir organisieren und planen. All das, was wir nicht mehr erledigen können, solange unser Bein gebrochen ist, kann entweder liegen bleiben oder muss von einem Helfer getan werden. Gleichzeitig kommen wir hoffentlich etwas zur Ruhe, um nachzudenken. Wir fragen uns vielleicht, was wir daraus lernen oder sogar, welchen Vorteil wir aus dem gebrochenen Bein ziehen könnten. Möglicherweise überlegen wir, was wir in Zukunft anders machen sollten, um weniger gefährdet zu sein. Das gebrochene Bein bietet uns für einige Tage die Möglichkeit, näher zu uns selbst zu kommen und damit unseren Seelencode freizusetzen. Manchmal gelingt das, manchmal nicht. Das Leben ist voll kleiner und großer Herausforderungen – schmerzhafter und auch angenehmer. Lernen wir nur, die Leiter stabiler hinzustellen oder gegen ein Abrutschen zu sichern, hilft das nur wenig bei der Aktivierung des Seelencodes. Lernen wir hingegen, die Zeit der Unterbrechung unseres Alltages zu nutzen, um uns auf uns selbst zu besinnen, unseren Gefühlen wieder freien Lauf zu lassen, zu meditieren, zu beten oder beispielsweise einfach nur Stille zu erleben, so beginnt die Quelle unseres Seelencodes zu sprudeln und wir haben die Lernaufgabe genutzt. Glücklicherweise brechen wir uns nicht zwanzigmal das Bein – auch dann nicht, wenn wir das Ereignis ungenutzt lassen. Möglichkeiten des Lernens werden uns jedoch immer und immer wieder geboten. Jeden Tag.

Der zweite Weg ist ein viel aktiverer: der Weg des Verstehens und Annehmens. Noch bevor die nächste Herausforderung auf uns wartet, können wir an der Befreiung unserer Seele arbeiten. Versuchen wir jeden Tag, den in uns wohnenden und auf Abruf wartenden Seelencode zu befreien und das Feuer seiner Entwicklung zu entfachen, so beginnt die Seele, sich selbst zu entfalten. Sie strebt immer weiter, nach immer höherer Entwicklung. Alles was wir tun müssen, ist, jeden Tag bewusst zu leben. Wir können jeden Tag in der Bewusstheit des Seelencodes beginnen und versuchen, sein Wirken zu fühlen. Es ist leichter, als wir oft denken. Überprüfen Sie es selbst, liebe Leserinnen und Leser. Fühlen Sie sich durch meine Ausführungen angesprochen? Spüren Sie, wie Ihr Seelencode beim Lesen zu sprudeln beginnt? Sie müssen nichts Besonderes tun. Sie benötigen kein Ritual und keine Affirmation. Verankern Sie die Existenz des Seelencodes einfach in Ihrem Bewusstsein. Und schon beginnt seine Entfaltung und setzt sich fort. An jedem neuen Tag.

Lernaufgaben verlangen nicht von uns, dass wir irgendwelche inhaltlichen Lehren aus bestimmten Ereignissen ziehen. Sie sind auch weder Bestrafung noch Lohn für unseren Lebenswandel oder unsere Taten. Sie sollen uns Selbsterkenntnis ermöglichen, Erkenntnis unseres Seelenzustandes. Dieser kann ein nahezu komatöser Dauerschlaf sein oder ein entfesselter Tanz der Harmonie – oder eine der unzähligen Möglichkeiten, die dazwischenliegen.

Kümmern wir uns um die Entfaltung der Seele, indem wir den Seelencode annehmen, so kann unser Leben fließen und in irdischer Fülle und Wohlstand verlaufen oder so, wie es unseren persönlichen Wünschen entspricht. Solange der Seelencode aktiv bleibt, nähern wir uns der ursprünglichen Form unseres Daseins und leben in Einklang mit der Schöpfung.

Nichts in unserem Leben geschieht zufällig. Alle Begegnungen sind Teil eines göttlichen Plans. Dieser ist immer darauf angelegt, uns unserer wahren Bestimmung zuzuführen. Dabei geht es um mehr, als um die bloße Befreiung unserer Seele. Dieser Schritt ist nur der Anfang. Schließlich geht es auch um die Gemeinschaft der Seelen. Die Entwicklung des Einzelnen mithilfe seines entfachten Seelencodes leistet einen Beitrag zum Fortschritt der gesamten Menschheit. In jedem einzelnen Menschen lebt eine Seele aus der großen Gemeinschaft, aus der wir kommen. Wir leben aber nicht alle gleichzeitig auf der Erde. Viele Seelen sind in der geistigen Welt und werden immer wieder geboren, um auf der Erde zu lernen. Dabei existiert immer ein Teil aller Seelen im irdischen Leben und ein anderer in der geistigen Welt. Eines Tages werden aber alle Seelen wieder vereint sein. Das wird nicht der Tag sein, an dem die Erde untergeht und das Jüngste Gericht naht. Es wird der Tag sein, an dem die Menschheit in ihrer Gesamtentwicklung den Zustand der geistigen Welt erreicht hat und an dem alle Seelen nach der Bestimmung des Seelencodes leben. Aus unserer heutigen Sicht mag diese Vorstellung eine Utopie sein. Es ist jedoch die Bestimmung des Menschseins, das Ziel der Seelengemeinschaft und ihr gemeinsamer Weg. Immer mehr Menschen werden den Seelencode mit der Zeit verstehen und annehmen. Durch das Beenden des „Dornröschenschlafes" der eigenen Seele tragen diese Menschen immer mehr Liebe in die Welt. Sie senden sie aus, denn sie befinden sich dann selbst im Zustand der Liebe. Sie nehmen andere mit auf die Reise und aktivieren deren Seelencode durch die Reinheit ihrer Liebe. Sie bringen die Menschheit der geistigen Welt näher und beide werden sich immer ähnlicher, bis sie schließlich ineinander aufgehen.

Der Mensch kommt aber nicht völlig offen und lernbereit zur Welt. Er betritt das irdische Dasein nicht als unbeschriebenes Blatt, das sich der Welt unbefangen nähert. Wir bringen vieles mit in das irdische Leben. Wir nennen es Charakter, Persönlichkeit, Temperament und Talent. All diese menschlichen Facetten sind veränderbar, können entwickelt werden oder im Laufe der Zeit abstumpfen. Doch immer ist schon etwas von Geburt an vorhanden. Wir können uns einreden, das Mitgebrachte läge in den Genen und wäre das Ergebnis von Vererbung. Aus weltlicher Perspektive mag das stimmen. Betrachten wir es von einem höheren Standpunkt aus, so erinnern wir uns daran, dass alles Materielle und schließlich auch alles Energetische im Diesseits nur eine irdische Ausdrucksform des Seelen-Daseins ist. Auch unsere Gene spiegeln nur wider, welches menschliche Korsett unserer Seele in diesem Leben mitgegeben wurde.

Was wir in jedem einzelnen irdischen Leben lernen, speichert die Seele als Erfahrung ab. Das glauben viele, doch fragen wir uns gleichzeitig, wo das Wissen geblieben ist und warum wir es immer wieder verlieren, um im nächsten

Leben von vorn anzufangen, zu lernen. Diese Fragestellung ist aber so nicht richtig: Wir verlieren das Gelernte nicht. Lediglich die Inhalte der Erfahrungen werden gelöscht. Die brauchen wir auch in keiner Art und Weise in einem anderen Leben. Was wir wirklich gelernt haben, bleibt ewig bestehen. Wir bringen es als Charakter, Persönlichkeit, Temperament und Talent mit auf die Erde. Diese Eigenschaften sind es, die den Startpunkt unserer irdischen Selbstentfaltung vorgeben. Sie sind mehr oder weniger dazu geeignet, den Code der Seele zur aktivieren. Stehen unsere angeborenen Grundeigenschaften einer Beschäftigung mit uns selbst entgegen, so ist es ein langer und schwieriger Weg zur Entfesselung des Seelencodes. Werden wir beispielsweise als tiefgründige Denker mit dem bereits in der Kindheit hoch entwickelten Bestreben nach Sinnsuche geboren, so gelangen wir schneller zur Erkenntnis und zur Aktivierung des Seelencodes.

Doch sind wir in unseren Entwicklungschancen nicht determiniert. Das größte Geschenk Gottes ist der freie Wille. Er gibt uns jeden Tag die Möglichkeit, aufzustehen und uns auf den Weg zu machen. Ob sich nun der Code unserer Seele bei unserer Geburt im Tiefschlaf befindet oder bereits lebendig sprudelt – wir können ihn jeden Tag aktivieren und ein auf ewig brennendes Feuer entfachen. Setzen wir den Code entweder frei oder verhelfen ihm auf ein höheres Niveau, indem wir ihn weiter entfesseln und fließen lassen, so geht unsere Entwicklung täglich weiter und wir erreichen alles, was uns wichtig ist. Hierzu gehören auch weltliche Ziele und Annehmlichkeiten. Sie kommen von ganz allein in unser Leben, wenn der Seelencode sich entfaltet.

Und an jedem Tag unseres irdischen Lebens werden uns Möglichkeiten geboten, diesen Code zu sehen, ihn zu erkennen, anzunehmen und freizusetzen. Wir können uns jeden Tag seiner Existenz bewusst sein und ihn so vorantreiben. Die Botschaft lautet: Lebe das Schöpfungsprinzip! Es besteht in uns selbst und drückt sich im Code der Seele aus. Wir können es jeden Tag leben.

Wer bestimmt nun, welche Aufgaben uns im Leben begegnen? Wer legt fest, welche Ereignisse uns helfen sollen, das Menschsein und das Seelensein zu verstehen und zur Entfaltung zu bringen? Wer legt unser Karma fest? – Denn genau das ist es, was ich mit „Karma“ meine: die Auswahl unserer Lernaufgaben. Noch einmal möchte ich darauf hinweisen, dass es mir nicht darum geht, den Begriff des Karmas für *zeit, Beruf und Freundschaft. Notieren Sie für jeden Bereich ein schönes und ein unangenehmes Erlebnis. Betrachten Sie alle einzeln und sagen Sie:*

„Das war ein Spiegel meiner Seele."

Beantworten Sie nun folgende Fragen:

Welcher Teil von mir spiegelte sich in diesem Ereignis?
Was habe ich aus dieser Erfahrung gelernt?

Denken Sie bei dieser Übung stets daran, dass angenehme Ereignisse oder Erfolge keine Belohnung und unangenehme oder ungerechte Erlebnisse keine Bestrafung des Universums sind. Versuchen Sie, zu erkennen, in welchem Zustand Ihre Seele war, als das jeweilige Ereignis Sie traf. Und überlegen Sie dann, was Sie daraus gelernt haben. Hier geht es nicht um Handlungen, die Sie daraus abgeleitet haben, sondern um Erkenntnisse über sich selbst. Betrachten Sie also, welche inneren Schlüsse Sie gezogen haben.

meine Lehre zu beanspruchen. Ich benutze ihn in dem hier beschriebenen Verständnis und es liegt mir fern, einen Glaubensstreit zu entfachen, wenn andere Glaubensrichtungen den Begriff anders verwenden. Karma wird von den meisten Menschen damit in Verbindung gebracht, dass ein Teil von einem selbst in ein nächstes Leben mitgetragen wird. Daher verwende ich diesen Begriff.

Wenn wir uns also fragen, warum bestimmte Ereignisse in unserem Leben passieren und dabei auf karmische Ursachen stoßen, so gleiten unsere weltlichen Gedanken schnell in die Vorstellung eines göttlichen Gerichtes ab. Schlimme Ereignisse werden dann häufig als eine Art Bestrafung für Sünden eines vergangenen Lebens angesehen. Erfolgserlebnisse werden umgekehrt als Belohnung für moralisch hochwertige Taten voriger Leben betrachtet. So plausibel diese Vorstellung auch erscheinen mag, sie reduziert die göttliche Weisheit auf die Gerichtsbarkeit des Hammurapi, der als König vor fast viertausend Jahren in Babylonien das Rechtsprinzip „Auge um Auge, Zahn um Zahn“ im Codex Hammurapi festgehalten hatte. Angenommen, ein Mensch würde von einem Bankräuber angeschossen und käme mit dem Karma-Gedanken in Kontakt. Er würde wahrscheinlich zu dem Schluss gelangen, dass er in einem früheren Leben einen anderen aus Habgier verletzt hätte und deshalb nun dieses Karma ertragen müsste. Aus energetischer Sicht wäre ein Ausgleich geschaffen. Möglicherweise würde seine Seele auch eine Lehre daraus ziehen, vielleicht würde sein Seelencode sogar durch seine Auseinandersetzung aktiver werden. Dem Täter könnte nach dieser Idee nun das Gleiche bevorstehen. Entweder noch in diesem oder im nächsten Leben müsste er mit einer Verletzung rechnen, die ein anderer ihm als Wiedergutmachung des selbst verübten Unrechts zufügte.

Erstaunlicherweise fehlt hier jeder Gedanke der Humanität. Im Irdischen haben die zivilisierten Gesellschaften längst Abstand von dieser Vergeltung von Fehlverhalten genommen. Unzählige Vertreter solch einfacher Karma-Lehren verurteilen eine solch direkte Art der Beantwortung von Verhaltensweisen im Irdischen und halten dieses Vergeltungs-Karma dennoch für einen Teil des göttlichen Plans. Die Menschheit betrachtet es als Kennzeichen ihrer moralischen Entwicklung, die inhumane Rechtsphilosophie des Hammurapi überwunden zu haben. Doch Gott ist uns voraus, dessen können wir sicher sein. Er braucht kein Vergeltungssystem dieser Art.

Seelencode 4

Die menschliche Seele bringt selbst gewählte, eigens auferlegte und in früheren Leben unerfüllte Lernaufgaben mit in das irdische Leben.

Lernaufgaben, zu denen eben auch die schlimmen Ereignisse oder das Erleiden von Unrecht gehören, begegnen uns nicht als Lohn oder Strafe für Taten eines früheren Lebens. Sie stehen bereits vor der Geburt im Buch unseres Lebens. Wir kommen daher nicht einfach an ihnen vorbei. Dennoch ist unser Leben nicht vollkommen vorherbestimmt. Es liegt an uns, wie wir mit den Lernaufgaben umgehen, welche Lehren wir daraus ziehen und was wir für unser irdisches Leben daraus machen.

Das Buch des Lebens hat viele leere Seiten, die wir selbst im Verlauf des irdischen Daseins füllen. Einige aber sind bereits beschrieben und enthalten unsere Aufgaben. Diese sind nur auf ein einziges Ziel ausgerichtet: Sie ermöglichen uns das Erkennen des Seelencodes. Sie fordern uns zur Aktivierung der stillen und in uns ruhenden Potenziale des Seelencodes auf. Ergreifen wir diese Möglichkeit, so haben wir die Lernaufgabe bereits gelöst. Lassen wir die Chance verstreichen, weil wir sie nicht als solche begreifen, tritt die nächste Lernaufgabe schon bald in unser Leben und fordert uns erneut auf, unserer Bestimmung zu folgen. So enthält jedes Kapitel im Buch unseres Lebens viele Lernaufgaben unterschiedlicher Ausdrucksstärke. Nehmen wir die erste oder die zweite, vielleicht auch erst die zehnte an und spüren ihren Wert für die Seelenentfaltung, so ersparen wir uns die anderen. Beschäftigen wir uns sogar aktiv mit dem Code der Seele und unserem Menschsein, so entfachen wir den Code und benötigen überhaupt keine Lernaufgaben mehr.

Die beschriebenen Seiten im Buch unseres Lebens werden gelöscht. Es steht uns ein offenes und nicht mehr beschriebenes Buch zur Verfügung, das wir mit unseren eigenen Wünschen und Träumen füllen können. Ob es sich dabei um weltliches Verlangen oder um spirituelle Erleuchtung handelt, spielt keine Rolle mehr. Wir leben das Schöpfungsprinzip! Diese ursprünglichste aller Aufgaben macht jede andere überflüssig. Glück und Fülle treten in unser Leben. Ohne Affirmation, ohne formulierten Wunsch, ohne Gegenleistung.

Joshua und der Erdenengel – Teil 4

Joshua kam zum Erdenengel, weil er noch einmal als Mensch geboren werden wollte.

„Engel der Erde, entsende mich ein weiteres Mal. Ich möchte erneut lernen und die Seele immer tiefer verstehen."

Der Engel der Erde, der die Seelen entsendet, öffnete das Buch des Lebens, das für Joshua bereit lag.

„Sage mir Joshua, was willst du lernen in deinem nächsten Leben?"

„Ich möchte lernen, zu verzeihen. Gib mir Gelegenheiten, einem anderen Menschen etwas zu verzeihen. Wenn es mir gelingt, so werde ich über den irdischen Interessen der Rache und über dem menschlichen Gefühl des Hasses stehen und meiner Seele Entfaltung ermöglichen."

Der Erdenengel lächelte und entgegnete: „Du weißt, dass Verzeihen nur dann eine Bedeutung hat, wenn du gleichzeitig ein tiefes Ge-

fühl in dir trägst, dass dir ein Unrecht widerfahren ist. Eines, das nicht wiedergutzumachen ist. Alles andere wäre kein Verzeihen, Joshua. Wenn du etwas vergeben kannst, weil es dein Leben nicht sehr beeinträchtigt oder weil du siehst, dass derjenige, der dir etwas getan hat, versucht, dir dafür etwas Gutes zu tun, wäre es kein Verzeihen."

„Aber was wäre es sonst?", fragte Joshua ratlos.

„Es wäre das Ergebnis deiner Abwägung, ein Abbild deines Urteils darüber, ob ein Ausgleich der Energien stattgefunden hat. Wenn du lernen willst, zu verzeihen, sollst du es ohne Reue des Täters versuchen. Bist du dazu bereit, Joshua?"

„Was müsste ich tun? Müsste ich sein Freund werden? Ihm sogar helfen oder Gutes tun, obwohl er mich weiter leiden ließe?"

„Aber Joshua", entgegnete der Engel „Es geht doch nicht darum, auf Erden ein Märtyrer zu sein. Wenn du das sein willst, steht es dir frei. Doch niemand verlangt es von dir. Du brauchst keinen gemeinsamen Weg mit deinem Peiniger zu gehen. Du möchtest verzeihen können – also versuche, den Hass, den du im zu erduldenden Unrecht aufbauen wirst, zu verlie-

ren. Versuche in deinem Innern deinen Frieden zu finden und deinen Peiniger als Teil der Seelengemeinschaft zu begreifen. Finde die Bestimmung deiner Seele durch die Erfahrung, die du mit ihm machen wirst. Entfache den Code deines Seelen-Daseins, indem du dich von Gedanken der Vergeltung und von schlechten Wünschen für diesen Menschen befreist. Wenn es dir gelingt, ihm in deinen Gedanken alles Gute zu wünschen und dich bei der Vorstellung, dass er trotz seiner Taten erfolgreich und zufrieden leben könnte, nicht zu grämen, dann hast du die Aufgabe erfüllt. Denn dann, lieber Joshua, wird deine Seele entfesselt sein. Du brauchst diesen Menschen nie mehr in dein Leben zu lassen. Du darfst ihn daraus verbannen, denn das Gemeinsame ist erfüllt. Sorge dafür, dass er nie wieder in Kontakt mit dir treten kann, wenn du es so willst. Doch lebe ohne Hass, ohne Rachegedanken und spüre deine eigene Weiterentwicklung. Sage mir nun, Joshua: Bist du dazu bereit?"

„Ja, ich will es versuchen. Doch weiß ich nicht, ob ich schon so weit bin."

„So sei es eine deiner Aufgaben. Doch gibt es weitere für dich. Du weißt, dass die göttliche Weisheit dir auch eine Aufgabe mit in dein irdi-

sches Leben gibt. Die göttliche Zielsetzung deines nächsten Lebens soll die Barmherzigkeit sein. Du wirst also Gelegenheit bekommen, barmherzig zu handeln. Auch diese Aufgabe wird dir immer wieder dargeboten, bis du sie annehmen kannst. Schließlich, Joshua, gibt es noch eine dritte Aufgabe. Sie kommt aus deinem letzten Erdenleben. Du hattest sie nicht ergriffen. Deine Seele konnte sich aus diesem Grunde nicht so weit entfalten, wie du es wolltest. Die Aufgabe ist noch unerfüllt. Es war die Herausforderung des Loslassens. So vieles musstest du im Äußeren loslassen in deinem vergangenen Leben. Innerlich ist es dir nicht gelungen. Nimm also diese Aufgabe erneut mit auf die Reise. Manches Mal wird es dir vorkommen, als wärest du vom Schicksal verfolgt. Wenn es dir gelingt, den Seelencode zu erleben, wirst du erkennen, dass dein Schicksal – oder dein Karma, wie du es auf Erden nennen wirst – Ausdruck deiner noch zu erfüllenden Aufgaben ist. Nimm also drei Aufgaben mit: deine selbst gewählte, die göttlich vorgesehene und die noch nicht erfüllte."

Aktivierung des Seelencodes des Karmas

Der vierte Code unserer Seele, der Code des Karmas, ist befreit und sprudelt wie eine unerschöpfliche Quelle, wenn wir möglichst oft folgende Empfindungen haben:

1. ***Wir erkennen die großen Lebensthemen als Aufgabenstellungen.***

   Sätze wie „Ich habe immer Pech!" oder "Warum passiert das gerade mir?" sprechen wir nicht mehr aus. Wir denken Sie nicht einmal. Denn wir haben verstanden, dass nicht das Böse uns verfolgt, sondern uns die ungelösten Lernaufgaben noch einmal angeboten werden. Auch in sehr misslichen Lebenslagen versuchen wir, Schwierigkeiten als Aufgabe zu begreifen, die wir möglicherweise sogar selbst in einer Zeit vor unserer irdischen Geburt gewählt haben. Sicherlich werden wir dabei dennoch manchmal zweifeln, Benachteiligungen oder Strafe darin sehen. Zumindest aber versuchen wir, das Karma zu begreifen.

2. **Wir spüren, dass wir dem Schicksal nicht hilflos ausgeliefert sind.**

   Karma ist unausweichlich. Wir können daher bestimmte Ereignisse, Themen oder Problemlagen nicht umgehen oder aussparen. Wir fühlen jedoch immer häufiger, dass gerade das Unausweichliche, sei es nun angenehm oder unangenehm, die Herausforderung des Handelns enthält. Lernen vollzieht sich nicht nur in unseren Gedanken. Der Prozess des Lernens und auch seine Ergebnisse finden sich in unseren Entscheidungen und unseren Taten wieder. Bei aktiviertem Code ergibt der Satz „Nichts ist so schlecht, dass daraus nichts Gutes entstehen kann." einen Sinn.

3. **Wir streben eine möglichst hohe spirituelle Entwicklung an.**

   Wer sich mit karmischen Fragen beschäftigt, befindet sich bereits auf dem Weg einer interessanten spirituellen Entwicklung. Ein aktivierter Karma-Code führt unweigerlich dazu, dass wir nach immer tieferer spiritueller Er-

kenntnis und damit auch stets nach einer höheren Ebene der spirituellen Entwicklung streben. Die gedankliche und meditative Beschäftigung mit der geistigen Welt, der kontinuierliche Versuch des Verstehens und der Kontaktaufnahme mit den in ihr mit Lichtwesen oder Engeln lebenden Seelen, gehört bei aktivem Karma-Code zu unserem Leben.

Um den Code des Karmas zu aktivieren oder weiter zu entfachen, kommt es vor allem darauf an, die wiederkehrenden Themen unseres Lebens als karmische Aufgaben zu erkennen und als solche anzunehmen.

Übung zum Seelencode des Karmas

Überlegen Sie, welche Themen und Schwierigkeiten Ihnen immer wieder begegnen. Vielleicht erkennen Sie, dass Sie ähnliche Schwierigkeiten schon mit verschiedenen Lebenspartnern hatten. Es könnte Ihnen vielleicht in der Vergangenheit wie ein Fluch vorgekommen sein, immer wieder mit Eifersucht oder Suchtthemen in Beziehungen konfrontiert wor-

den zu sein. Möglicherweise haben Sie auch schon mehrfach berufliche Schwierigkeiten erlebt oder sind wiederholt in ähnliche Gewissenskonflikte geraten. Sie kennen sicherlich diese wiederkehrenden Muster bestimmter Erlebnisse. Notieren Sie auch bei dieser Übung typische Schemata, die Ihnen mehrfach in den Bereichen Familie, Beruf und Freundschaft begegnet sind.

Nehmen Sie jeden einzelnen Notizzettel zur Hand und lesen Sie, was darauf steht. Sagen Sie dann:

„Meine Seele hat dieses Thema selbst gewählt, um zu lernen."

Beantworten Sie dann folgende Fragen zu dem jeweiligen Thema:

Was kann ich aus diesem Thema lernen?
Wie kann ich es loszulassen?

Sagen Sie dann noch einmal „Meine Seele hat dieses Thema selbst gewählt, um zu lernen." und achten Sie darauf, ob es Ihnen leicht fällt oder, ob Sie es manchmal nicht mit Überzeugung sagen kön-

nen. Wiederholen Sie die Übung, bis Sie ein gutes Gefühl dabei haben, diesen Satz auch im Umgang mit leidvollen Erfahrungen zu sagen. Denken Sie daran, dass Sie damit nicht den Taten eines anderen Menschen zustimmen müssen.

TEIL III

DIE SCHÖPFUNG DAUERT AN

SIEBEN TAGE SIND ZU WENIG

Die christliche Schöpfungsgeschichte berichtet uns von Gott, der in sieben Tagen die Welt erschaffen hat. Sicherlich glauben heute nicht mehr viele Menschen an die absolute Wahrheit dieser Vorstellung. Die Wissenschaft hat seit ihrer Beschäftigung mit der Evolution immer wieder versucht, die Frage nach der Entstehung des Menschen ohne Bezugnahme auf eine göttliche Schöpfung zu beantworten. Für alle Lebewesen kann sie einen Entwicklungsweg nachzeichnen, der mit zunehmender Unsicherheit behaftet ist, je weiter in die Vergangenheit geblickt werden soll. Die Frage, ob der Mensch nun aus den Einzellern der Meere entstanden ist oder als Gotteskind auf die Erde gesandt wurde, trennt evolutionstheoretische Betrachtungen von religiösen Ideen und bleibt möglicherweise im Irdischen für immer unbeantwortet. Die Existenz der geistigen Welt und damit die Existenz der Seelen nach dem irdischen Tod ist heutzutage längst kein religiöser Glaube mehr. Immer mehr Menschen haben intuitiven Zugang zu dieser Welt, erhalten Botschaften aus ihr oder können mit den Seelen, die in ihr sind, kommunizieren. Ihre Informationen und Berichte sind über die modernen Medien weltweit verbreitet und können kaum noch ignoriert werden. In den letzten Jahren haben alleine durch die Präsenz von Büchern, die sich mit der geistigen Welt und dem Menschsein befassen, Millionen von Menschen einen Zugang zur Spiritualität gefunden. Auch dieses Buch kann ein Beitrag zur spirituellen Entwicklung derjenigen Leserinnen und Leser sein, die auf genau diesem Weg sind.

Schöpfung ist kein einmaliger Vorgang. Die Welt, in der wir leben, wurde nicht als unser Geschenk geschaffen, das wir dann nutzen oder zerstören konnten. Wir sind nicht die Kinder einer abgeschlossenen Schöpfungsgeschichte. *Wir selbst* sind die Schöpfung. Hier versöhnt sich die Evolution mit der Vorstellung der menschlichen Gotteskindschaft. Die gesamte Natur entwickelt sich weiter, sie unterliegt dabei allerdings auch dem menschlichen Raubbau und seiner zerstörenden Nutzung. Doch auch die Menschheit entwickelt sich weiter. Indem Menschen immer wieder ihren Seelencode aktivieren, erreichen sie ein stetig höheres Niveau der spirituellen Entwicklung. Wir werden unserer ursprünglichen Form immer ähnlicher. Wir treiben die Schöpfung voran. Wir entwickeln sie weiter. Oder anders ausgedrückt: Die Schöpfung erfüllt sich durch die menschliche Sinnsuche, durch die Entfaltung der menschlichen Seelen. Die heute lebenden Menschen sind zu intellektuellen und spirituellen Leistungen imstande, die vor tausend Jahren nicht einmal ansatzweise möglich gewesen wären. In weiteren tausend Jahren werden wir ein noch höheres Abstraktionsniveau erreicht haben. Das betrifft nicht alle Menschen in gleichem Maße. Diejenigen, die ihrer Zeit voraus sind und bereits ein hohes Niveau der spirituellen Entwicklung erreicht haben, werden die Wegbereiter sein für andere, die von der Liebe der „Vordenker" auf dieses höhere Niveau mitgenommen werden.

Die Schöpfung selbst war nicht nach sieben Tagen beendet. Sie dauert immer noch an. Unsere Sinnsuche, die Befreiung unseres Seelencodes, erfüllt die göttliche Schöpfung Schritt für Schritt. Das Ziel dieser Schöpfung ist das Erreichen des Seelenzustandes der geistigen Welt bereits auf Erden. Die Trennung zwischen irdischem und Seelenleben in der geistigen Welt ist dann aufgehoben. Machen wir uns also auf den Weg und werden wir uns jeden Tag unseres Seelencodes bewusst. Ihn zu erkennen und immer wieder zu spüren, wie er sich entfalten kann, bringt uns jeden Tag dem Gipfel der Schöpfung ein Stück näher. Aktivieren wir täglich unseren Seelencode oder spüren wir, wie er bereits aktiviert für uns wirkt und sich weiterentwickelt, so dienen wir der Schöpfung mehr als genug und dürfen in Fülle und Wohlstand, in Zufriedenheit und Glück leben. Der Erfolg kommt ganz von selbst in unser irdisches Leben: in Form von Reichtum, Anerkennung und Sicherheit. Aber wir erlangen auch spirituellen Erfolg in Form von Kreativität und Vertrauen, Nähe zur geistigen Welt und den in ihr lebenden Seelen, die ständig unter uns sind. Die Botschaft der geistigen Welt lautet: Lebe das Schöpfungsprinzip! Es liegt im Code der Seele und wartet auf Befreiung!

DER MENSCH ALS VOLLSTRECKER DER SCHÖPFUNG

Die ständige Bewegung der Evolution, der Entwicklung der Lebewesen und selbst der scheinbar unbelebten Natur führt uns jeden Tag die eigentliche, unabgeschlossene Schöpfungsgeschichte vor Augen. Sie geht an jedem Tag weiter, zu jeder Stunde und in jeder Minute. Neue Formen des Lebens entstehen immer wieder. Tief in den Ozeanen bilden sich Zellstrukturen, die als neue Lebensformen das Licht der Schöpfung erblicken. Andere Lebewesen hingegen sterben aus und verlassen den Schöpfungsweg. Die Quantenphysik lehrt uns, dass nichts verloren geht. Alles Materielle ist in letzter Konsequenz Energie, die auch im Sterben erhalten bleibt.

Die Schöpfung bedient sich dieser Energie. Sie ist der Boden ihrer irdischen Entfaltung. Doch Schöpfung ist weitaus mehr als ein energetisches Gleichgewichtsbestreben. Unser Geist kann viel tiefer und weiter denken, als es für die Vorstellung einer ursprünglichen Energie oder einer Quantenenergie notwendig wäre. Wir selbst können die Seele entdecken, die nicht aus

Energie besteht. Ihre Existenz ist mit irdischen Maßstäben nur annähernd beschreibbar. Das wirkliche Ausmaß der Seele, ihre Existenz ohne Energie, mag unseren Verstand überfordern. Doch werden wir uns die Seele bewusst, indem wir nach dem Seelencode leben, so wirkt sie für uns auf einer Ebene, die weit über dem steht, was Energie zu leisten vermag: Sie steht in direkter Verbindung zur geistigen Welt, in der die Seelengemeinschaft zu Hause ist.

Medien, die im Kontakt mit der geistigen Welt stehen, berichten immer wieder von besonderen energetischen Vorgängen. Es stimmt, dass verstorbene Seelen Energie benötigen, um mit uns in Verbindung zu treten. Über moderne Messverfahren lassen sie sich sogar erfassen und teilweise sichtbar machen. Das hat jedoch ausschließlich damit zu tun, dass wir in einer materiellen und damit auf Energie aufgebauten Welt leben. Die jenseitige Welt benötigt für sich selbst keine Energie. Ihre Daseinsform ist unabhängig von physikalischen Bedingungen. Das mag so manchen Quantenphysiker stören oder ihm gar unmöglich erscheinen. Dennoch ist jene Welt nicht auf Energie gebaut. Diese Vorstellung entspricht bloß unserem irdischen Verstand.

In uns und durch uns wird die Schöpfung jeden Tag erfüllt und fortgesetzt. Die Schöpfung dauert an! Das Erhalten der Natur, der respektvolle und würdige Umgang mit ihren Ressourcen und die Ehrfurcht vor den Tieren als Teil des göttlichen Plans sind irdische Aufgaben, die wesentliche Bestandteile der Schöpfungsidee sind. Unser Planet ist die irdische Welt, in die wir hineingeboren werden, um die Schöpfung zu erfüllen. Das Ziel der Schöpfung ist die Heimreise zu unserem ursprünglichen Seelen-Dasein. Dabei entwickeln wir unsere Seelen weiter und werden zu weiseren Seelen, die zum Fortschritt der Gemeinschaft in der geistigen Welt einen immer größeren Beitrag leisten können. Denn auch diese Seelen lernen und entwickeln sich weiter. Auch sie leben die Schöpfung. Auch in der geistigen Welt gibt es befreite Seelen und weniger aktive. Denn nach unserem irdischen Tod steht uns zwar die unendliche Liebe und Weisheit dieser Welt offen, doch bleibt uns selbst die Aktivierung des Seelencodes auch dort überlassen.

Der letzte Tag der Menschheitsgeschichte wird nicht der Tag des Jüngsten Gerichts sein. Es wird dieser eine, besondere Tag sein, an dem die irdische und die geistige Welt sich offen begegnen, um ineinander aufzugehen. Alle

Evolution strebt nach immer weiterer Entwicklung. Der Mensch als irdische Wesenheit mit dem größten aktiven Einfluss auf die Geschehnisse lebt damit jeden Tag die göttliche Vorsehung und den Schöpfungsplan. Man mag sich fragen: Ist er nun weit vorangekommen oder wird er selbst der Zerstörer seiner eigenen Welt sein?

Die Menschheit hat nicht nur Gutes hervorgebracht. Kriege, Wirtschaftsinteressen und Glaubensdifferenzen haben seit jeher Zerstörung in die Welt gebracht. In den letzten zwanzig Jahren zeigen uns Naturkatastrophen und Klimawandel, dass es Zeit ist, so manchen eingetretenen Pfad der irdischen Belange zu verlassen und weiter auf dem Weg der Schöpfung zu gehen. Doch auch in diesen Ereignissen liegt keine Bestrafung oder Rache des Universums oder einer göttlichen Instanz. Sie weisen uns nur auf unsere Aufgabe hin: das Entdecken der menschlichen Seele, ihre Befreiung und das Leben der Schöpfung.

Allzu oft wird die Menschheit als Zerstörer der Welt beschrieben und in ihrer scheinbaren Dummheit aus der eigenen Mitte heraus an den Pranger gestellt. Doch die Existenz der Menschheit ist kein Zufallsprodukt der Natur. Wir selbst sind die Vollstrecker der Evolution.

irdischen Seelen werden die materielle Umgebung ihres Körpers und ihrer Umwelt verlassen und jenen Zustand des Daseins erreichen, den die Seelen der geistigen Welt, in der wir vor und nach unserem irdischen Leben existieren, innehaben. Mit jedem einzelnen Leben auf dieser Erde treten wir zunächst für uns selbst die Heimreise der Seele an. Doch neben der persönlichen Aufgabe der Seelenentwicklung, der Befreiung unseres Seelencodes, gibt es auch einen kollektiven Auftrag der Menschheit: Dieser besteht in der Weiterentwicklung der Seelengemeinschaft. Für unser irdisches Dasein bedeutet dies die Entfaltung der gesamten Menschheit. Dabei geht es nicht um technischen Fortschritt oder um den Ausgleich von Ungleichgewichten in der Verteilung von Ressourcen. Es geht vielmehr um die gemeinsame Entwicklung bis zu einem höheren Niveau der Seelenentfaltung. In der geistigen Welt existieren Seelen gleichzeitig in ihrer Individualität und in der Verbundenheit mit der Seelengemeinschaft. Nur hier auf Erden sind wir in unserer Persönlichkeit und auch in unserer Körperlichkeit von anderen isoliert. Wenn aber die irdische Welt eines Tages der geistigen begegnen soll, und wir das als Ziel der irdischen Schöpfung betrachten, so kann dies erst geschehen, wenn die Menschheit die Schöpfung erfüllt hat. Nicht alle Menschen aber werden sich gleichermaßen entwickeln. Unterschiede in Verhaltensweisen, Überzeugungen, Moral oder ethischen Werten sind dabei kaum von Belang. Nur der Zustand der Seelen, das Ausmaß ihrer Befreiung und Entfaltung des Seelencodes entscheidet darüber, wann wir als Menschheit das Ziel der Schöpfung erreichen können.

Wann aber wird dieser Tag gekommen sein? Werden alle Seelen in ihrem irdischen Dasein einst den hohen Stand der Seelenentfaltung erreicht haben, der als Ziel der Schöpfung vorgesehen ist? Werden wir alle so lange wiedergeboren, bis auch die letzte Seele diesen Zustand erreicht hat?

Das wird vermutlich nicht so sein. Nicht alle Seelen sind gleich alt. Wenn es auch keine Zeit in der geistigen Welt gibt, so können wir doch feststellen, dass es viele Seelen gibt, die erst wenige Male auf Erden gelebt haben. Andere waren schon viele Male in einer irdischen Existenz. Junge Seelen leben nicht in ausgeprägter Spiritualität. Sie sind dem irdischen, dem Vorteil suchenden Materiellen, unterlegen. Und immer wieder kommen neue Seelen hinzu, die erstmalig in ein irdisches Dasein geboren werden. Sie zeigen uns die Notwendigkeit des gemeinsamen Weges. Die Begegnung mit ihnen fordert uns dazu auf, nicht nur unsere eigene, sondern die Entwicklung der gesamten Menschheit als Aufgabe zu begreifen. Es gehört zu den Zielen der hoch entwickelten Seelen, die Schöpfung weiter voranzutreiben. Durch Entfaltung des eigenen Seelencodes und das damit verbundene Aussenden von Liebe und Nächstenliebe, durch diesen uneigennützigen Beitrag zum Wohl der Seelengemeinschaft entsteht der Boden für den Übergang der Menschheit in die geistige Welt.

Wenn viele von uns bereit sind, die Aufgaben ihres irdischen Daseins zu verstehen und anzunehmen, die Weiterentwicklung der eigenen Seele durch Entfaltung des Seelencodes als die ursprünglichste aller Bestimmungen zu leben, so wird die Gemeinschaft dieser Seelen wie Noahs Arche für all diejenigen sein, die selbst diesen Weg nicht gehen konnten. Wie viele Seelen am Ziel der Schöpfung sein müssten, um diese Arche der Menschheit zu bauen, vermag ich nicht zu sagen. Je mehr sich auf den Weg machen, um den Seelencode zu aktivieren und das Schöpfungsprinzip zu leben, desto näher kommen wir diesem großen Ziel der Schöpfung: der Verschmelzung der irdischen mit der geistigen Welt.

WÜNSCHE WERDEN WAHR

Es gehört zur menschlichen Wesensart, nach „dem" Glück zu suchen. Seit jeher wird dieses Streben in Liedern besungen, in der Literatur beschrieben und im Schauspiel dargestellt. Dabei finden wir zahlreiche Geschichten, die damit beginnen, dass ein Mensch das Glück im irdischen Wohlstand zu suchen beginnt und es schließlich in philosophischer Erkenntnis findet: das Glück, das von materiellen Bedingungen unabhängig ist. Tatsächlich streben wir in letzter Konsequenz nach Höherem, als wir es auf der Erde finden könnten. Gleichzeitig sind wir zu Lebzeiten nicht unabhängig von materiellen Gegebenheiten. Der Wunsch nach angemessener Fülle in dieser Welt findet daher auch seine Berechtigung und widerspricht nicht dem Plan der Schöpfung. Genau genommen, spielen materielle Verbindungen keine Rolle für den Zustand unserer Seele. Sie strebt nach der Heimreise an ihren Herkunftsort und nach Verbindung mit der Gemeinschaft der Seelen in der geistigen Welt. Unser irdisches Dasein ist damit eine Durchgangsstation wie der Besuch einer Lehranstalt, in der wir unser Potenzial entwickeln können und sollen. Es ist unsere Aufgabe, den Seelencode zu entfesseln und damit das Schöpfungsprinzip zu leben. Gelingt uns das, so kommen ganz von selbst materielle Fülle und Wohlstand in unser irdisches Leben. Wir werden erfolgreich und manifestieren mit unseren Wünschen das, was dem Zustand unserer Seele im Irdischen entspricht: Wachstum!

Die Erfüllung materieller Wünsche wird unseren Seelencode unterdrücken, wenn er sich bereits im Halbschlaf befindet. Wenn wir die vier Codes der Seele kaum erleben oder spüren können, so wie ich es in diesem Buch beschreibe, so liegen diese brach und leisten keinen Beitrag zur eigenen Seelenentwicklung und damit auch nicht zur Schöpfung. Zehn Millionen auf unserem Konto würden das nur verschlimmern. Ein kluger Mensch hat einmal gesagt, Geld verderbe nicht den Charakter, sondern zeige ihn deutlicher. Das stimmt. Wir erleben häufig Beispiele von plötzlich reich gewordenen Menschen, die durch Erbschaft oder Lotteriegewinn zu einem unerwarteten Vermögen gelangen und dann scheinbar zu sehr unangenehmen oder arroganten Zeitgenossen werden. Wir erkennen sie nicht wieder. Und nach einigen Jahren ist der Reichtum verloren. Viele von ihnen stehen hinterher ärmer da als vor dem

Reichtum. Waren diese Menschen zu unvorsichtig? Waren sie etwa dumm oder nur unerfahren? Hatten sie die falschen Berater? Hat sie das Geld verändert? Hätten sie es anders machen können?

Hinter den irdischen Versuchen der Erklärung stehen zwei Antworten, die auf der Ebene der Seele gefunden werden. Entweder die betreffende Person hat den Seelencode ungenutzt liegen lassen und damit die Schöpfung missachtet oder sie hat den aktiven Code „abgeschaltet". Im ersten Fall könnte der Lotteriegewinn eine Lernaufgabe gewesen sein. Er kam ins Leben der Person, um ihr eine Möglichkeit zu bieten, etwas zu lernen, beispielsweise, ein Helfer zu sein, der nicht mit materiellen Gütern, sondern mit emotionaler Zuwendung hilft. Wenn nun dieser Mensch, dem das Lotterieglück ins Haus steht, sich um die Entfaltung seiner Seele kümmert und den Seelencode entdecken, erkennen und aktivieren kann, lebt er die Schöpfung und wird seinen Reichtum behalten können. Er hat seine Aufgabe erfüllt. Denken wir immer daran, dass hinter den Inhalten der Lernaufgaben die Aufforderung zur Aktivierung des Seelencodes steht. Gelingt uns das, ist jede Lernaufgabe bereits erledigt.

Wie aber kann es dazu kommen, einen bereits aktivierten und lebendigen Seelencode wieder abzuschalten oder ihn weitgehend zu unterdrücken? Die Schöpfung hat uns ein bedeutendes Werkzeug zum Umgang mit uns und der Welt mitgegeben: den freien Willen. Wir können uns jederzeit entscheiden, der Schöpfung zu dienen oder uns von ihr abzugrenzen. Unser Seelencode entwickelt sich stetig weiter. Nehmen wir einmal den Code der Liebe: Es wird uns nicht über Nacht gelingen, uns von Bewertungen anderer Menschen zu befreien und sie so sein zu lassen, wie sie sind. Für uns Menschen ist das eine große Aufgabe, der wir uns nur schrittweise nähern können. Es gelingt uns durch Übung und Selbstklärung vielleicht zunächst nur manchmal oder eben nur teilweise. Mit der Zeit spüren wir dann immer häufiger, dass wir anderen verzeihen können und sie nicht mehr für das, was sie sind verurteilen. In höchster Entwicklung werden wir völlig frei von Urteilen über das Wesen eines anderen Menschen.

Unser freier Wille versetzt uns auch in die Lage, in unserer Entwicklung rückwärts zu gehen. Wir können ein bereits erreichtes Niveau eines Einzelnen oder aller Codes der menschlichen Seele unterlaufen. Denn im irdischen Dasein stellt uns das Leben immer wieder vor die Herausforderung, dem Zustand unserer Seele gemäß zu denken und zu handeln. Ist das erreichte Niveau eines Codes noch nicht stabil genug, so kann es verloren gehen und wir müssen noch einmal weiter vorn beginnen. Möglicherweise fällt es einem Menschen bereits in vielen Situationen leicht, urteilsfrei zu sein. Gleichzeitig gibt es Ereignisse, bei denen es diesem Menschen immer noch sehr schwerfällt oder nicht gelingen mag. Irdischer Wohlstand könnte dazu führen, sich selbst nicht mehr dieser besonderen Herausforderung zu stellen. Fragt sich der Lotteriegewinner vielleicht noch wenige Tage vor dem Ereignis, warum es ihm so schwerfällt, manche Menschen zu ertragen, obwohl sie ihm gar kein Unrecht antun, so denkt er möglicherweise einen Tag nach der Verkündung des Gewinns, dass manche Menschen es nicht besser verdient hätten. Was also ist geschehen? – Er hat eine Entscheidung gefällt: die freie Entscheidung, sein Denken und Handeln auf genau diesem jetzigen Niveau zu lassen, obwohl er es eigentlich einst weiterentwickeln wollte. Er schaltet in solch einem Moment den Code der Liebe ab oder friert ihn zunächst ein. Doch das bereits erreichte Niveau geht schrittweise verloren. Denn nun gibt es zwei Kategorien, denen er folgen kann: Liebe für diejenigen, die sie verdient haben und Unverständnis für diejenigen, die sie nicht verdient haben. Ein Grundsatzurteil darüber, ob der Einzelne in den Wirkungsbereich der Nächstenliebe aufgenommen wird. Die Zerstörung des Codes hat begonnen.

Die gute Nachricht besteht darin, dass wir in jedem Moment unseres Lebens neu anfangen können und immer wieder unseren Seelencode darleben können. Es ist niemals zu spät, uns darauf einzulassen. Je mehr wir es tun, desto eher und deutlicher kommt Fülle in unser Leben. Denn unsere Seele ist in der Lage, damit umzugehen und lässt diesen Gedanken und damit auch die Realität des Wohlstandes zu. Wir können also Wünsche wahr werden lassen. Dabei kommt es nicht auf die Formulierung und nicht auf die Art der Programmierung oder Affirmation an, sondern einzig und allein darauf, ob die Wunscherfüllung unseren Seelencode fördert. In dem geschilderten Beispiel war von einem Gewinn als spezieller Lernaufgabe die Rede. Solche Aufgaben werden nicht herbeigewünscht, sondern sind karmisch vorgesehen. Wir können uns Gewinne, Erfolge oder Anerkennung natürlich auch herbeiwünschen. Häufig wird davon gesprochen, dass wir all unsere

Realitäten mithilfe unserer Gedanken erzeugten und damit auch alles erreichen oder beim Universum mithilfe der richtigen Gedanken oder Rituale „frei Haus“ bestellen könnten. Vielen Menschen hat das geholfen, viele bleiben jedoch enttäuscht zurück. Geholfen hat es den Menschen, deren Seelencode bei der Wunschabgabe bereits sprudelte und floss, der sich ständig entfaltete und weiterentwickelte. Frustriert bleiben diejenigen zurück, deren Seelencode auf Befreiung wartet, um dann Wünsche Wahrheit werden zu lassen. Bei entfesselter Seele spielt Zeit keine Rolle. Wir können den Seelencode innerhalb kurzer Zeit entfachen und ihn voll zur Geltung bringen. Es kommt darauf an, sich seiner bewusst zu sein. Dann wirkt er ohne Einschränkungen. Bevor wir uns mit Wunschorakeln beschäftigen, um auf schnellstem Wege zur Erfüllung eines Herzenswunsches zu gelangen, sollten wir uns mit dem Zustand unserer Seele befassen. Das geht oft schneller als das ständige Wünschen und erfolglose Warten.

Wünsche können Wahrheit werden. Wir erschaffen ihre Realität durch Aktivierung des Seelencodes. Wenn Sie meine Ausführungen verinnerlicht haben, wenn Sie, liebe Leserinnen und Leser, damit den Code der Seele zumindest erkannt haben, können Sie den Weg des Wünschens, der „Bestellung“ bei der Schöpfung beschreiten – welchen Wunsch auch immer Sie haben.

BESTELLUNGEN BEI DER SCHÖPFUNG

Die Leserinnen und Leser meines Buches wissen inzwischen, dass es beim Wünschen nicht um die geeignete Formulierung geht. Wünsche werden immer dann wahr, wenn sie dem Zustand der Seelenentwicklung entsprechen oder dazu geeignet sind, den Seelencode zu fördern. Die eigentliche Herausforderung besteht also nicht in dem richtigen Weg des Wünschens, sondern im konstruktiven Umgang mit seiner Erfüllung. Zunächst einmal sollte der Seelencode möglichst aktiv sein, damit Wunscherfüllung zur Selbstverständlichkeit wird. Wahrscheinlich ist er bei denjenigen, die dieses Buch lesen und seine Botschaften verstehen, bereits in Gang gesetzt oder beschleunigt worden. Mithilfe der beschriebenen Übungen kann er noch weiter entfacht werden.

Zum Schluss meiner Ausführungen möchte ich eine Kurzformel zur Wunschsendung anbieten, die dem Seelencode entspricht. Wenn Sie einen Herzenswunsch haben und an den Seelencode glauben, ihn im Bewusstsein halten und damit jeden Tag fördern, werden Sie die Wunscherfüllung auch erleben. Überlegen Sie sich zunächst die Formulierung Ihres Wunsches. Dabei kommt es nicht darauf an, welche Worte Sie wählen. Wenn Sie selbst Ihren Wunsch verstehen, so wird das auch der Instanz, die ihn entgegennimmt, gelingen. Wenn Ihr Seelencode bereits sprudelt und fließt, so genügt es, einen Wunsch zu haben. Von selbst wird er in Erfüllung gehen. Einen schlafenden Seelencode gilt es zunächst zu aktivieren, wobei die folgenden Schritte hilfreich sein können.

Sechs Schritte des Wünschens

1. ***Sprechen Sie den Wunsch aus!***

   Versuchen Sie zunächst einmal, zur Ruhe zu kommen. Machen Sie vielleicht eine kurze Meditation, wenn Ihnen das hilft, innerlich ausgeglichener zu werden. Dann sprechen Sie den Wunsch aus.

2. ***Aktivierung des Seelencodes der Liebe!***

   Denken Sie an einen Menschen, der Ihnen ein Unrecht angetan hat. Wünschen Sie ihm innerlich alles Gute für sein Leben. Stellen Sie sich vor, ihm würde der gleiche Wunsch erfüllt oder einer, der für ihn von großer Bedeutung ist. Gönnen Sie ihm die Erfüllung seiner Wünsche!

3. ***Aktivierung des Seelencodes der Gemeinschafts!***

   Stellen Sie sich vor, wie Sie mit ganz vielen Menschen zusammentreffen, denen der gleiche Wunsch erfüllt wurde. Visualisieren Sie, in einer Gruppe von Gleichgesinnten und gleichermaßen Beschenkten zu sein und sich dort wohlzufühlen. Gratulieren Sie allen anderen zur Erfüllung des gleichen Wunsches.

4. ***Aktivierung des Seelencodes der Resonanz!***

   Stellen Sie sich vor, wie Sie Ihren erfüllten Wunsch dazu nutzen, das eigene Leben immer mehr zu erforschen und die spirituelle Entwicklung voranzutreiben. Entwerfen Sie ein Bild davon, wie das, was Sie haben möchten, neben den irdischen Annehmlichkeiten, die möglicherweise mit Ih-

rem Wunsch verbunden sind, ein Fortschritt für Ihre Seele sein wird.

5. ***Aktivierung des Seelencodes des Karmas!***

   Stellen Sie sich vor, dass die Schöpfung Ihnen ein anderes Paket sendet als das Bestellte. Vertrauen Sie darauf, dass die alternative Wunscherfüllung besser sein wird als der formulierte Wunsch. Bedanken Sie sich bei der Schöpfung für den besten Weg und den besten Inhalt der Wunscherfüllung.

6. ***Abschluss der Wunschbestellung!***

   Versprechen Sie sich selbst, dass Sie auf Ihrem Weg der Seelenentfaltung und der spirituellen Weiterentwicklung bleiben werden – auch und vor allem dann, wenn die Erfüllung des Wunsches zur Trägheit verleiten könnte.

ZUSAMMENFASSUNG UND SCHLUSSWORT

Mit meinen Ausführungen in diesem Buch wollte ich einerseits zeigen, dass die menschliche Existenz kein Zufallsprodukt, keine Laune der Natur, sondern Teil eines übergeordneten Schöpfungsplans ist. Wie wir den Urheber oder die höchste Instanz der Schöpfung nennen, hat vor allem mit unserer eigenen kulturellen Herkunft und religiösen Verwurzelung oder Erziehung zu tun. Mir kommt es nicht darauf an, ein Fürsprecher der einen oder anderen Religion zu sein. Es erscheint mir wichtiger, ein neues Bild der Schöpfung zu zeichnen, in dem wir Menschen kein Produkt der Schöpfung, sondern ihre Vollstrecker sind. Die Schöpfung erfüllt sich durch uns. Dabei ist es unsere ursprüngliche und einzige Bestimmung, dem Ziel der Schöpfung zu dienen: der Begegnung der irdischen mit der geistigen Welt auf gleicher Stufe der Entwicklung. Mag das auch vermessen klingen oder aus Sicht der traditionellen Religionen gar unmöglich erscheinen, so entspricht es doch meinem tiefen Glauben, dass die Menschheit eines Tages diesen Schritt vollziehen wird. Ich spüre gleichzeitig, dass immer mehr Menschen sich auf den Weg machen: auf den Weg des Verstehens, der Entwicklung, der Befreiung des Seelencodes.

Andererseits wollte ich auch verdeutlichen, dass das einfache Streben nach irdischem Erfolg und Wunscherfüllung aus der Natur des Menschen heraus nachvollziehbar und auch berechtigt ist, gleichzeitig jedoch nicht genügt, um die eigene Seele weiterzuentwickeln und einen Beitrag zur Seelengemeinschaft zu leisten. Das allerdings ist keineswegs eine schlechte Nachricht. Es bedeutet auch nicht, dass das Herbeiwünschen eines Ereignisses oder eines Erfolges schwieriger wäre, als es einfache Wunschorakel oder Affirmationen versprechen. Es kommt jedoch darauf an, zu verstehen, dass es weder Rituale noch Formulierungen oder trainierbare Verhaltensweisen sind, die Wünsche zu Wahrheiten werden lassen. Es ist der Zustand unserer Seele, der darüber entscheidet, was wir verstehen und erreichen können. Indem wir den Seelencode erkennen und im Bewusstsein halten, fördern wir die Entwicklung unserer Seele und damit auch die Entwicklung der Gemeinschaft der Seelen auf Erden und in der geistigen Welt.

Wenn ich mit meinen Ausführungen vermitteln konnte, dass dies nur ein anderer als der oft beschrittene, jedoch kein schwierigerer Weg ist, habe ich mein Ziel erreicht. Wenn möglichst viele Leserinnen und Leser erkennen, dass es diesen im Grunde genommen einfachen Code der Seele in ihnen gibt und sie gleichzeitig bereit sind, ihn anzunehmen und weiter zu entfalten, wird dies zum persönlichen Glücks- und Erfolgsweg dieser Menschen werden. Sie werden innere Befreiung und äußere Wunscherfüllung erleben und gleichzeitig einen entscheidenden Beitrag zur Gemeinschaft der Seelen leisten, indem sie den Weg der Annäherung des irdischen Daseins an die geistige Welt beschreiten.

ÜBER DEN AUTOR

Taylor Moone ist Trancemedium und spiritueller Lehrer. In seinen Seminaren in der Schweiz und auf Vortragsreisen in ganz Europa und in den USA fesselt er die Zuhörer mit Botschaften aus der geistigen Welt, die er in Meditationen und Séancen erhält. Die grundlegende Botschaft dieser Welt besagt, dass jeder einzelne Mensch die Aufgabe der Entwicklung einer höheren Ebene der Erkenntnisfähigkeit hat. Das Leben auf Erden ist dabei der Weg der Heimreise unserer Seele zur geistigen Welt. Über viele irdische Leben hinweg entwickelt sich so jede einzelne Seele immer weiter und trägt zur Höherentwicklung der Seelengemeinschaft bei. Taylor Moone lässt Tausende Interessierte an seinem Wissen über den Code der Seele teilhaben, der es ermöglicht, diese Entwicklung zu erkennen und aktiv zu nutzen, um Glück, Erfolg, Wunscherfüllung und Heilung zu erreichen.